女人越独立，活得越高级

苏芩

北京联合出版公司
Beijing United Publishing Co., Ltd.

目录 *Contents*

多年以后，我终于放过了自己。

不会再计较一些微小琐碎的尊严之得失。

别人赞我是知性。

只有我自己知道：最从容的优雅，被委屈历练出来。

曾经生活的百般凌辱，后来低头一笑，释然了。

它生长得稳妥而坚固，沉静而安谧。时间深处，越发动人。

我也曾问过自己：为何性情越来越柔软和开阔？

另一个我回答说："我不在乎在感情中低到很低很低，

因为在其他方面，我有站得起来的能力！"

Chapter 1

爱好自己

你看到了我的光鲜，是因为我想让你看到
我转身隐藏的伤痕，不比任何人少

想跟自己说声"对不起"

"你的工作压力太大了，你必须要休息。"

不止一个医生这样对我说。拿到曼谷Vichaivej医院的体检报告，没有任何意外。一年365天全年无假，2月5日，一大早飞机落地。从曼谷返回北京。关了网络，疲惫至极。依旧被电话吵醒：明天，新节目新闻发布会、韩国阿里郎（亚洲新女性）专题片制作组要来拍摄纪录片、晚上出席好友的时装发布会……又是匆匆忙忙的一天。疯狂工作模式继续开启。

有时候我羡慕身边的女孩子。不是故作矫情。羡慕她们可以在周末时光赖赖床，可以跟闺蜜一起喝杯下午茶，可以在饭点的时候搜搜美食地图。而我，似乎从步入职场，便未有过这样的待遇。早年从外企到媒体，再到现在的为自己打工，每份工作无不高强度连轴运转。工作就是生活，生活就是工作。一次媒体采我："如果给你三个月假期，你会怎么安排？"我说："不知道。"——我是真不知道。从没试过给自己三个月空闲会是怎样，大概我会恐慌，会不适应，会不知道如何面对漫长的一天24小时。也可能会欣喜不已，会爱上懒散的漫不经心。没试过的事，谁说得准呢？

这些年，来往各个城市，一年365天有近百天在飞机上度过。出席各种活动，演讲，录制节目，头脑风暴。我已习惯了出租车堵在路上时赶写微博、在飞机的万米高空上写书稿、在节目录制间歇回复媒体访问，一天也不间断，这，已经成了日常习惯。每每记者问"业余时间喜欢做什么"，脑袋里都是一片空白。

说出来还真有点难为情，作为一个资深的眼泪依赖症患者，我平时最重要的业余爱好是——哭。

我有套公寓，在26层，有空时喜欢来这里写写东西、看看远空变化的云朵、试试买来的新裙子，也漫无目的地掉掉眼泪。泪珠儿噼里啪啦掉上一个小时，似乎是一种很大的宣泄，感觉终于可以对无奈的工作和现实做点反抗。过后风干眼泪、化好妆，继续笑着出发。或者想哭的时候不敢哭，掉完眼泪的眼睛会肿起来，旁人会关切地问："你眼睛怎么回事？"好吧，忍着。

也有忍不住的时候。有一次在录制现场，也不知是当事人的故事勾起了莫名的情绪还是怎的，其实也并不是感人的故事，突然就那样委屈，眼泪汪汪，忍都忍不住。主持人也是多年的好朋友涂磊惊讶地问："你怎么哭了？"

我直了直腰: "呃,睫毛胶过敏了。"

其实很不喜欢在节目里掉眼泪,想哭也要尽力忍住,有时我都不知道为何要这样苛刻自己,我只知道:要强,是我一生的软肋!

就像很多朋友都问我: "为什么你这么幸运,会成为现在的你?"

我并没有比谁幸运,只不过,我不愿意被人看到哭的样子。

自己的路,一步步靠自己走出来。脚上的水晶鞋你看得到,脚底的血印儿只有我自己知道。我不能倒下,因为背后没人撑着。

时常收到网友各种来信,有的看到眼泪簌簌,大家把连对父母、亲人都不会说的话讲给我听,是真的感动。在感谢信任的同时,亦不能个个回复,也真的抱歉。又到了开春的季节,真心希望接下来的每一个365天可以继续跟你们的闺蜜情，因为我羡慕那些疼爱自己的你们：可以和自己喝喝茶，把自己照顾得很舒服，把最好的留给自己……有时候人活得自私一点似乎也不是坏事。

　　各位亲爱的你，千万不要学我，因为我真的不够爱自己。

　　我给自己设了个目标：做个努力的学生，学着照顾自己。

　　疼爱自己，什么时候都不会吃亏。这个道理我才懂得，希望不晚，还有机会跟自己说声抱歉——"让你受了那么多委屈，真是对不起。"

　　闺蜜们，咱们都得牢牢记住一句话：你爱的人、你爱的事，都没有爱你自己重要。

　　我们还要陪自己很久很久，值得在自己身上多下功夫。要知道，低能量的你遇不到高能量的人生。最好的一切，总在你正能量爆棚时，不邀而至。

　　我不会再随便地去生活，希望你也如此。

　　时光除了在我们脸上留下些皱纹，希望还有智慧，以及对自己的厚待。

与幸运相比，我更信赖自己创造的奇迹
上天并没有让谁走得特别容易
于是，我不爱哭诉，我把力气攒着用来起跑

你可以选择放弃，但不能放弃选择

那一年，我20岁出头。在一家世界五百强的知名外企干得好好的，突然想折腾折腾，萌生出要写书的念头。

不是因为有钱才任性，年少也是轻狂。这是我人生中第一份正式职业，拿着在当时绝不算低的薪水，被不少当初的同学羡慕着。但我的心，似乎一直没放在这里。我觉得，自己还可以有更好的选择。

你可以选择放弃，但不能放弃选择。

我向来是行动派，想做的事几乎不能隔夜，否则抓心挠肝地难受。不出两个月，辞了工作，把自己关在屋子里，稿纸、电脑，从超市搬来若干零食、饮料、泡面……未经世事又信心满满开始了创作之路。晚上是最佳时间，隔绝车水马龙的喧嚣，可以安静写作，经常是熬至天亮，太阳取代月亮，然后揉揉红肿的眼睛，迎接新的一天的开始。那时候很喜欢手写，稿纸如山，屋子凌乱，有时困意上来，就酣睡在稿子堆间。几个月下来，几乎就白天睡觉晚上写作，昼夜颠倒，三餐不定，透支着体力也不以为然。后来，一个朋友见到我，惊讶地说："怎么回事，暴瘦这么多？看着太憔悴了！"从她的表情，我看到了自己辛苦付出又让人心疼的模样。

文字很神奇，可以补给内心的脆弱和能量，让人在无望中还能砥砺前行。但是生活是真实的，必须每一天每一天认真对待。有时累了，看到窗外人声响动，会突然有些焦虑，有时候是烦心于来催租的房东，有时候是故意怪罪住客的嘈杂而让自己总难有好水平的发挥。

我也知道这真是矫情，人不顺的时候，总要给自己找点借口，我也不想那么快地承认自己就是笨蛋。

那年的国庆节，我踏上了一路向东的火车回家过节，毫不夸张地说，当时全部身家就剩下这张火车票了。这其中有个小插曲，那阵子写稿子写得稀里糊涂，有次去银行柜员机取钱，取完便转身走了，浑然不觉没把卡拔出来。N天后再次取款时才记起这档事儿，已是呼叫无门！那是唯一一张有余额的银行卡，上面的积蓄原本可以让我支撑到那部稿子写完，这么一来，凄风苦雨提前到来！那年国庆节在家待了一周，临走时妈妈说："再多给你点钱吧？"

我脱口而出："不用，卡上还多着呢！"

话一出口就后悔了，回来就得交房租，一日三餐要自给自足，能蹭饭的姐儿们家都蹭了个遍，当初做外企白领时的包包配饰几乎都低价转让了，稿子还写了不到一半儿！

光截流管什么用，我得开源啊！

然后我开始接兼职的会议司仪、活动主持、为无数的报纸杂志写专栏，看着空荡敞阔的房间，想想不敢触碰的明天，空旷，依然漫无边际……

幸好我效率确实很高，写了两部书稿，其中一部被某位出版商看中，要独家买断，署以其他作者的名字出版。

我问他："为什么？"

书商也很直接："因为你不红。"

坦白说，我差一点儿就答应了，买断版权的稿费对那一刻的我几乎算天文数字！不用再苦撑苦熬一天20多小时连轴工作，可以立马买下上星期在精品店看上的那件衣服，可以支撑我再写完下一本书稿。——看着书商那冷淡倨傲的脸，也不知哪来的自信，刺激了我已在飘摇之中的自尊心"不卖！"

多年以后，我的名字也上了作家富豪榜，虽然此时的我早已不再靠版税收入过日子，但那上面的那个名字，还是让我想起了最初的我，那么执拗，那么任性，像个笨蛋，却无比可爱！

虽然我还是得说：那一年的那一天，走出书商的门，有点小后悔……

正是拿着这本处女作，从未有过任何媒体从业经历的我，求职到一家新创刊的杂志社，主编看完它之后说："编辑的职位刚刚已经招满了。"

心一霎灰蒙。

他顿了口气说："编辑部主任的职位还在空缺，如果让你试试，你行吗？"

一束光瞬间刺破云层，直入眼底，却又另是一种新的压力。

进入新行业的压力不多赘述，另是一种煎熬。明枪暗箭挨了无数，万幸也都忍了过来。倒是很想说说我当时的另一部书稿。是一本小说，青春范儿、姐弟恋，十多年前的故事，现在想来也绝不算落伍。遗憾的是，一次电脑故障，几近收尾的稿子就这样被永久性删除了！以致后来一直有出版商约请我："苏芩老师，您什么时候写小说呀？"——我写过啊，只是再也找不回来了！

和你们一样，各种奇葩经历，我一件也没落下，只是不习惯把哭着的那张脸望向你而已。

与幸运相比，我更信赖自己创造的奇迹。幸运天赐，拿走它太容易了。我不迷恋运气，因为知道：若是我不够努力，它也不会多看我一眼。

我并非生而活在天堂，刺脚的路同样也走了不少，脚底的血印终究磨成了茧子，也渐渐活得踏实。

这份安全感不是别人给的，只是因为我笃信：即便跌落地狱，我仍有再爬回天堂的能力！

认输，是一种自我解救的方式
输给生活不丢脸，别输了人生就好

我们不是认输，只是放过了自己

从小，我就是个很敏感的孩子。很容易被激怒，不太感动的电影也会背着人哭到一塌糊涂，别人一个眼神儿有时会让我愣上半晌……用长辈们的话说："小小年纪，心事重重。"

妈妈是个性格爽利干脆的人，似乎并不欣赏我这样多愁善感的女儿，她总是鼓励我去跟班里那些个性更像男孩的女生们多接触，给我剪极短的头发，只穿各种长短的裤子，衣服总以冷色为主，这似乎并未矫正我敏感的情绪，我也就这样一年一年地长起来了。

因为体弱多病，加之后来转学，到了新的环境，我很害怕被同学欺负，也最讨厌仗强欺弱的人。记得小学转学至另外一所学校，班里有个很淘气的男同学，最爱欺负弱小，很喜欢看同学求饶的样子。因为一点点小事，我的一双手背被他的长指甲抓得血淋淋。我咬着牙昂着头一脸豁出命去的表情死盯着他！我的不肯服输，让他倍感扫兴，此后几年，时常被他有意无意踢一下撞一下。我从不求饶，也不寻求帮助。一手的伤到了老师面前定要藏进裤兜里，似乎生怕老师教训那个男生，显得我弱小不堪只会打小报告！妈妈看到了我手上的伤，惊问原因。我扯了个理由："做值日时被铁丝划的。"此后一段时间，妈妈和姨妈们总端详着我的手背担心："这么漂亮的小手，不会留下疤吧？"留下疤我不怕，我只怕被人知道是因打不过人才被印下这羞辱的疤痕！

现在想来，那个年纪我真是不可思议地倔强！

初中时有个最要好的女同学，成绩极好，但性情也极温软，常常被班里几个调皮的男生欺负。现在看来说"欺负"有点严重了，青春叛逆阶段，似乎很多人都有过一些讨人嫌的举动：越是成绩好的同学，越是要跟她调皮一下，拽一下她的头发，故意踩一下她的新鞋子，恶作剧地在她铅笔盒里放一只飞蛾……其实就是一种挑战，以此彰显：我也有胜过你的地方！

那一次她又被恶作剧了，在旁边的我终于忍不住爆发了，看着对面三个幸灾乐祸的男生，约架——"有本事你们仨中午别走！"

他们当然有这个本事，三个高个子男生，俯视着我这样一个瘦到像一根小竹竿的小女生，有啥不敢赴约的？！

那天中午放学后，我把一脸紧张的她赶出教室，门一闩，就剩我们四个人。三个男生嘻嘻哈哈，各种轻蔑的言辞，但都没有动手的意思，因为没人相信一个体育成绩从来没考及格过的女生会干"单挑"这种傻事。于是先动手的必然是我，甚至都忘了当初是怎么拳打脚踢的了，但我必须承认他们只是稍微应付了一下，他们任何一个人出真力气，我都不是对手。

但最终我那种决绝的眼神儿可能还是有些威慑力，他们率先拉开教室的门，"好男不跟女斗"，一个个快步离开了。

从教室到校门的那几百步距离，眼泪一直在眼眶里打转转，好姐们儿在旁边小心翼翼地给我鼓劲儿："你要是哭了，就输了。"小孩子真是可爱，就那么把脑袋仰起来对着天，迎着正午的太阳就这样把欲滴的泪水挥发个精光。

可能连她也不理解，一件小事，何至于如此大动干戈？！其实那时的我也不明白，只是觉得不打这一架，整个人都过不了这一关。

现在回想那个佯装强大的自己，实在弱小得让人心疼。

二十年后，我长成了现在的样子。回头细想，竟然完全无法把这两个人联系到一起。

不一样了，首先是性情。

那时候我也是阳光的，却容易被乌云蔽日。现在我也是阳光的，却坚信自己内心的太阳可以刺破阴云。

现在常有人问我："你的幸福秘诀是什么？"

"我呀，我这个人就是记性不好。"

曾经发脾气，三天五天哄不好，如今生个气，五分钟后就觉得没必要。不论朋友、亲人、爱人，我越来越成了主动退让的那一个。刚刚还吵得不可开交，十分钟后一扭脸："今晚咱们吃什么？"——气得家人啼笑皆非："你刚刚在跟我吵架好不好！"

我常说，一个人的成熟和自信，体现在他处理怒气的时间长短上。忽然明白了自己和那时最大的不同是：我已经不再认为认输是一件没面子的事。

当不再要靠别人的屈服来证明自己的强大时，才是一个人真正走向强大的开端。

现在的我，平和多了，也懒散多了，老朋友总说："你没有之前那么强的好胜心了。"

我不反驳。

其实当你得到了很多你想得到的东西，也知道有些东西即便靠努力也终究无法近身，生活就变得简单多了。——我们不是认输，只是放过自己了。

如今的我常常认错，也懂得原谅别人。这并非是我较他人有多么的高尚。——我不在乎在感情中低到很低很低，因为在其他方面，我有站得起来的能力！

当你老了，会如何看待感情
我想我会说："那时的我，只爱适合我的。"

你爱的、爱你的，都不如适合你的

我是从什么时候开始意识到自己已经不再是青春少女了呢？（呃，我指的是心理上。）

回想了一下，某个时刻起，关于感情种种，我开始有意无意地说"你爱的、爱你的，都不如适合你的"，从那个时候起，我便慢慢老去……

虽然道理挑不出错处，适合的，确实更能和风细雨一辈子。风平浪静之下，似乎总缺了点什么，是啊，曾经那年，不管不顾的热情澎湃，再也找不回。

看看周围，每天许许多多年轻男女来找我拿主意："A或B，哪个适合结婚？""嫁给他，万一将来日子过得艰难怎么办？""她没有稳定工作，个儿还矮点儿，我妈老唠叨我。咋办？"

我不想评价什么，只是感慨：多少人，顶着一张青春的面庞，却从未年轻过。

后来的后来才明白："合适"两个字，不是找得到。它如同珍珠，散发光彩的背后，注定经历过各种疼痛。

有个朋友曾经给我讲起他姨妈的婚姻故事。

"姨妈刚结婚不久，姨夫是她二十年前的相亲对象。当年那是年轻气盛，谁也入不了谁的眼，二十年后兜兜转转，这只碗配了这双筷，合适！"

这一转身，就是二十年。早知今日，何必当初。可又一想，若没有中间这二十年，这一对心高气傲的男女，又如何肯放低身价？

人就这样，起初死活看不顺眼的人，没准儿过几年会怦然心动。曾经坚决不能忍受的事，后来也许会成为无法离开的习惯。时间总会给出最意想不到的答案。但这一切，都有赖时间的打磨。三十岁时的时光静好，能让生活平添安稳。二十岁时就一头扎进安逸的生活，若是日后狂风骤雨来袭，怕是连招架的力气都没有。

我不建议年轻人一切只盯着"合适"二字，工作、爱情，皆是如此。先把自己丢出去捧打两年，爱过，伤过，不

用再多问旁人，已知最适合你的是什么。有些弯路，不亲自走过，永远难以走到直路上来。

别急着让自己那么快地老去。等我们老得爱也爱不动了，有的是时间大把大把谈条件。在此之前，你只需做自己真正想做的事。一辈子不长，趁着年轻，做自己想做的事，哪怕只有一件，也是一辈子最大的胜利。

虽然说了那么多"适合不适合"的话题，难免我还是想问：你有没有玩命儿地爱过一个人？

如果没有，那简直算是白活了。

成熟的人都懂得保护自己，恋爱也谈得温温吞吞，不顾一切的心动遍寻不到。也总有一段情，让你怀念至今，可能用力过猛，但此生不留遗憾。

不必赋予阅读太崇高的定义，它不是为了无所不知
而是为了拿出一点时间，与自己相处
那些年，在书里，我相识了自己

一本我从未读完的书

　　大概是在小学三年级的那个暑假。时间过于久远，记忆里留下的仅剩电风扇的转轮声和窗外成片的蝉鸣声。我们这一代，很多人和我一样，都是在爷爷奶奶家度过寒、暑两假的，这个时间段会有大把的时间用来无聊。一次百无聊赖时在叔叔的房间里翻出了一本小说，名字完全记不得了，内容是一个十岁左右的小女孩被卖入了青楼，因为"不听话"，每天挨打，做好多脏活累活，天天栖身于阴冷的厨房里，逃跑了许多次，每次都被抓了回来，继而被打得更狠。

　　女孩子如此倔强，运气如此不堪，令我每天都急盼着叔叔上班，好偷摸进他房间关注女孩逃亡大计的进展，无奈小学三年级的识字水平太过有限，磕磕绊绊的阅读能力使得我的阅读进展极其缓慢。大概四五天之后，被叔叔发现了，他毫不留情地没收了小说，把我的小学课外阅读材料丢过来："小孩儿不能看这样的书！看你自己的书去！"

余下的假期我就一直惦记着："那个小女孩到底有没有逃出去呢？如果没逃出去会怎样？如果逃出去了又怎样？"

或许是从那时候起，我对好强的女孩就格外青睐，似乎这也成了我日后性格的基调，以至于在初中一年级遇到《飘》时，顿时觉得与斯嘉丽简直是一见如故。

整整一年，我利用了各种时间来读这位"乱世佳人"，把英语书的书皮儿撕了糊在上面，上学时看、放学后看，期末考试的前一晚还是在如痴如醉地看，爸妈一直说"就考个试嘛，不用那么紧张吧"。当然，发下成绩，英语分数并不高。

那时候越看到后来越怕看完，当看到书页只剩薄薄一沓时，各种失落感无可名状。一年中这本书连续读了几遍，至今仍然深深记得斯嘉丽决定去亚特兰大借钱时，把母亲的窗帘改成了"战袍"。后来录制央视一期节目，我对一位衣着邋遢、总是遭遇不顺的女孩说："你穿什么样的衣服，你就是什么样的人！"那一刻我脑海里，快闪出的就是一身墨绿色天鹅绒窗帘改成洋装的斯嘉丽。

后来我想，那样决绝的新衣，恰如其分地描画了一个永远不向厄运低头的斯嘉丽。而这样的斯嘉丽，对我而言，似乎是另一种心理补偿，那个总也逃不出青楼却总在努力逃脱的小女孩，命运在这一刻获得了圆满。她们已经不是哪一个单独的个体，她们代表了一个类群，对一个刚刚进入青春期、一切人生观世界观正在萌芽的女孩而言，那种骨子里透出的韧性，心向往之！

从不对命运弯腰称谢，除非它给予的正是我想要的。——至今，我仍然只认同这条真理。

有时，你必须像男人一样活着
才能活成最风光的女人

你必须像男人一样活着

曾录过一期《苏芩女学馆》，讲"前任"。编辑们推荐了一堆资料给我参考，其中有徐志摩的前任林徽因。有网友直言："喜欢林徽因的男人脑子有问题，喜欢林徽因的女人品行有问题。"

嗬！这话说得，狠到家了！

后世人看林徽因，很有意思，分两派：一派极喜欢，一派极厌恶。通常没有中间地带。

喜欢的人说：你还能再美丽点吗？你还能再才情点吗？你还能再聪慧点吗？

厌恶的人说：你还能再虚荣点吗？你还能再自私点吗？你还能再做作点吗？

　　有人说三个男人成就了林徽因这样一个女人。爱情成就了她。不过这个女人不迷信爱情。爱情是什么？爱情是多年前看过的一部电影，如今想起仍会有感动，但颜色也已经褪去不少。女人更重要的，是安稳的前途。

　　选择花心浪荡且妻正有孕的徐志摩，那无疑是要自绝于对口碑有硬性要求的上流社会朋友圈，偶尔秀恩爱刷个屏，怎好意思让人点个赞！选择默默痴情但家世不够显赫的金岳霖，那注定要熄灭头顶的三分光环，女人对于"嫁得好"的定义，主要来源于周围有多少人羡慕嫉妒恨！梁思成，任何一个有眼光有野心的女人，都会选他做丈夫。这就是女神的优势。追的人多了，对于纯感情的事儿，也就看淡许多了。

　　林徽因是个非常理性的女人，她是女人中的男人。永远，做对自己最有利的选择。

　　如果一个女人在"选择"的时候可以克服感性化特征，这样的女人注定是要成功的。后世人对林徽因的赞赏，更多源于她的"取舍"之道。用句励志的话说：你只有克服一些诱惑，才能走得更远。

　　林徽因虽然姓林，但个性显然更像薛宝钗。对于生活，她的逻辑性太缜密。如此贤妻良母，乃至让凡夫俗子生出一些距离感。

　　也是后来才发现，相比林徽因，更喜欢陆小曼。

　　有人说她太作。最后把老公给作死了。

　　可站在女人的立场上想一想：嫁给你就是为了幸福，让我过得好是你的承诺。可你不光没让我过得好，还天天惦记前女友。怎么就不能跟你闹？！

陆小曼的逻辑都是女人的逻辑。

每每看到陆小曼，难免想到林黛玉。我们都喜欢真实的女人，真实的女人却不一定能过好真实的日子。鼻子一酸，就掏心掏肺了。——我们以为输给了生活，其实只是输给了感情。

林徽因的一生，相对而言是完满的。没人真正知道她最爱的男人是哪一个，或许在她心里，爱谁都不重要，重要的是，要时刻谨记，你最爱的必须是自己！

所以，陆小曼嫁给徐志摩后，撕裂开童话的一角，满腔泪珠子的味道。林徽因却一直笑着、优雅着，成为文人圈子里的客厅领袖。

像男人一样活着。理智，能帮你活得更好。

不爱了就放手
很简单的一句话却很难做到
人性中就有一种邪恶叫：我们只爱不爱我们的人
于是，他们越被甩越痴情

长时间走不出过往的人

人间自是有情痴。

很多人用它来形容《红楼梦》中的男人女人。

红楼中的女人，情痴不少。红楼中的男人，多情的、滥情的，却都跟"痴"字扯不上关系。

虽然冯渊为香菱送了命。那更像是豪门公子的意气之争，我先看上的女人，凭什么要让给你？！

也有潘又安为司棋陪了葬。那则像是还一笔良心债，你为我丧命，我无以回报，只以命来还你吧。

即便是贾宝玉，也是一厢深情着，一厢滥情着。一边深深说着"木石前盟"的誓言，一边万花丛中过，片叶未放过。他这样形容恋人间的知理明事："若一方早死，另一方因此孤守，那就是有碍大节了。"——新人照样可以来者不拒，偶尔还能想起旧人，就算是有情有义了。

贾宝玉，绝不是会为失恋悲伤太久的男人。

我特别相信曹雪芹原来的构思中，黛玉死后，宝玉是自愿娶了宝钗。林仙姝已去，薛高士自然是第一等对象人选。高鹗续本的掉包计，反倒是美化和拔高了宝玉的痴情，却让凤姐做了恶人。其实与凤姐何干？！各种条件的权衡下，宝玉没有道理不愿娶宝钗为妻，哪怕她有点像班主任，唠里唠叨。——再理性的女人也是感性的，再感性的男人也是理性的。

有时候会很气那些为了失恋而伤害自己的人，切腕的、跳河的、吃药的，若是命大不死，多年后回头看看，会不会想狠狠打上自己两耳光？

也有些人，不至于那么极端，他不会伤身动命，却会把余下的生命全用来祭奠上一段失去的感情。多少人多少年后仍然说着"我爱你，与你无关"。这话说起来实在是气冲云霄，但我常常泼他们冷水：痴情，是可耻的！

她们总问我："分开很久，可还是想他，总期待着还有重圆的一天。我还该等吗？"

等不起的人就不要等了！你的痴情感动不了一个不爱你的人。伤害你的不是对方的绝情，而是你心存幻想的坚持！时间不是平复伤口的最好办法，绝情才是。如果有些记忆注定让你疼痛，不如假装忘记。每个跟他有关的念头都要拦腰截断，工作、交友、健身、旅行……让自己忙碌到没时间想这事儿。

其实在感情的领域，男人多情且长情，女人专情且绝情。痴情的女人一旦醒来，没什么能留得住她。到后来，女人往往会比男人更决绝。一个女人头也不回地离开，未必是"不爱了"，也许是因为"不值得"。

多么盼望每一个痴情被伤的女人都早点醒来。长时间都走不出过往的人，都因纵容自己无限期地去想念一个不可能的人！——别傻了！你不对自己狠一点，那人也不会对你好一点！

我并不喜欢贾宝玉，不过有时想想他对待感情的态度，也挺值得现代人拿来用用。

爱你时，把最滚烫的自己给你；无法再爱你时，找个不错的人过接下来的日子。

如此深情，却不痴情。——这就对了。

多年以后，我仍然怀念当初那个傻傻的自己
但那年的怦然心动，却再也回不去

因缘分而来的东西总有期限

分手后，频频回头的人很多。

下定了的决心、松开了的手，总似不甘心地一再回顾。在一起时，被各种难题折磨得苦不堪言，终于分开后，却忍不住回想、再回想。牵手时，烦。分手后，想。——感情中总有各种临界点，在进和退之间，人最矛盾不堪。

于是吃回头草的人，才比比皆是。前任，似乎是每个人都回避不了的一道路障。立在那里，惹人不住地回头张望。

只是回头草的味道，嚼在人嘴里，未必都是好滋味。

有个姑娘，跟男友分合六次，每次都是被男人伤、绝望地选择分手，但分开后想想前情往事，初恋，五年的相处，为了他换了生活的城市……投入太多，不舍得彻底斩断。每每忍耐、原谅，这样一段挑战极限的恋

情，如此让她左右为难。在面临男人第六度伤害和求饶的时候，连她自己都没了心劲儿。走下去，当然很难。可真断掉，面对那男人告饶时的可怜楚楚，舍不得。——"我想，我还是爱他的对不对？"

"傻丫头，也许你爱的早已不是他，仅仅是那时的自己。"

你以为这是余情未了。

纵然是留恋，但留恋的已未必是他（她）。

过往经历的一切，都是生命行进的历程。每个人的生命都不是独立存在的，都要与种种人关联着而行进。恋爱，无疑是生命过程中最具存在感的阶段。恋爱中，每个人都清晰意识到自我的存在。人都会在爱情中成长，无论是朝好的一面，还是糟的一面。这样的一段经历，不论最终结果如何，都长进了生命里。割裂，自然会疼痛。

从某种程度上讲，对前情的不舍，也是一种对自我的爱怜，是为了维护生命历程的完整性。人性之中有一种对"圆满"的需求，就像看一部电影，如果结局不是大团圆的，纵然再凄美感人，也总有一种不满漫布心头。我们一生，是一个不断失去的过程，当你长大，便失却了童年；当你成熟，便失却了青春。亲人、朋友、恋人，尽皆相伴一时，美景美馔华服良天，也不过是云烟之享。我们害怕一切不长久的东西，费尽一切力量，让可留住的人留得久一点，是人性对于生命完满性的一种渴望。

也正因如此，我们给自己徒添了诸多包袱。但凡让你累的，都是因为抓得太多，不肯撒手。

生命，都是在割裂中成长。不曾割舍的，也不曾蜕变。

因缘分而来的东西，总有期限。当它要走，你拦也拦不住。不如，给缘，一个最好的告别。

你来，我感谢。

你走，我不送。

若干年后再回首，希望你会说："如果我回头，看的已经不再是你，而是当初的我自己。"

单身也会渐渐成为一种习惯
所以很多人总在择偶问题上挑挑拣拣
其实，并非没有满意的人，而是单身太久，成了习惯

当心里装满一个"不可能"的人时

在我从小生活的那个地方，有位年过四十的单身女人。

二十年前的小城，还不太能接受四十开外的剩女。一直伴随着她的，有很多指指点点。这些热闹的冷言冷语，令她寡言沉默、离群索居。

后来她离开了，去了其他城市。大概是实在承受不起家人逼婚，索性远走。这么多年，一直没再听说她的消息。只是自此后断断续续有些流言，说起她年轻时曾经的一段恋情，无果，那个男人丢下她娶了别的女人……

世俗的人，实在无法理解一个女人会为了一个不爱她的男人耽搁了十数年最好的青春。各种指摘皆有。"痴心女子负心汉"的故事来到尘世中，往往很难按照常理思路来走：你以为众人会对痴心女且怜且惜，恰恰围观者时常乐于给弱者挑毛病。——凡俗人最喜欢的证明自己聪明的方式，是用各种方式来证明别人的不聪明。

后来想想，那位女士并不能用"聪明"或"不聪明"来定义，从某种意义上看，她已经是位爱无能的患者了。

如今的时代，此一类人越来越多。人们似乎早已毫不避讳，甚至正牌的、冒牌的都有，有人甚至为了躲避一些感情中的麻烦，宣称自己不会爱，虽然他们只是犯懒，懒得应对感情中的一些麻烦。与其说是"爱无能"，不如说是自私而已。

后来发现这些爱无能者，并不是不会爱了，而是因为太爱一个人，而不会爱其他人了。当心里满满装着一个"不可能的人"时，所呈现出的方式，就是对爱的抵触。

曾经喜欢一个人，现在喜欢一个人。

想想真是太有道理。

很多感情，分手，却未曾分开。至少某一个人是如此。他们活在自己构建的情爱世界中，我当然不认为那还是爱的一种，其实只是一种惯性的依赖。我们一直害怕分离，从小时候与母体的分离，到后来从原生家庭中独立，每一次别离，内心都有隐隐的恐慌，人性真的很奇怪：我们既喜新厌旧，又害怕重新来过。

失恋后的与岁月的坚守，嘴上说"其实一个人挺好"，内心或多或少是有恨意的，未必是恨某个具象的人，或许是对爱的恨意。——爱辜负了我，于是我选择离它远点。工作中能愈挫愈勇的人，感情中未必有一样的胆气，只因为，爱，让我们倾尽全部尊严。它走了，尊严也没着落了。

爱，如此容易就失散于眼前；恨，却无声无息地地久天长。

不是爱无能了，只是学会了敬而远之。自此，再无瓜葛。

于是，我们都渐渐学会了与自己相处，与自己玩得越来越好，也慢慢坚硬而独立，此后婚姻也就不好办了。

真的，爱啊，婚姻哪，都是依赖的人才需要它们……

吃什么是你的自由
但别人如何看待你吃什么，也是他们的自由
我不喜欢吃给别人看的生活

一荤一素，看透女人

　　有位单身优质男，说起选择女友的标准，提到了一点："有时候跟一个女孩初次见面，点菜时她说自己只爱吃蔬菜沙拉，用餐时恨不能跟虫子似的一点一点咬着菜叶儿。吃到差不多了，起身说要去趟洗手间，回来时发现她脸上的妆经过了精心修补，唇膏也涂得更鲜艳了，通常这样的女人我是不会考虑的。即便还会有下一次见面，也只不过维持一段短期关系。娶回家做老婆那是不可能的。这样的女人太刻意，不够真诚。再漂亮也没什么吸引力。"

　　聊到这儿，不由得想起当年影星T小姐那个著名的"香菇油菜和红烧肉"的段子。T小姐接受采访时被问到喜欢吃什么菜，脱口就说"香菇油菜"，可后来强大的网友扒拉扒拉真相发现，T小姐其实爱吃肉，最爱吃的是"红烧肉"。

　　爱吃肉就不够高贵淑女了吗？！

这事儿当年一时被讨论得沸沸扬扬。

吃肉，为何如此让女人羞于出口？

这有男女两性差异的原因。

美国有一种说法："真正的男子汉不吃蛋挞。"

男女在饮食方面也有性别差异，男性是绝对的食肉动物，女性偏爱素食，喜欢清淡绿色饮食。沙拉和蛋挞"阴柔"，大鱼大肉则"阳刚"。似乎在大家的意识里，肉代表着欲望，蔬菜自然就是无欲无求了。人们会把肉食动物的攻击性嫁接到对嗜肉一族的评价中，这就容易跟"野心""目的性""强烈的欲望"等词汇联系在一起。似乎女人在饮食上过于阳刚，她的性情也就难免凶猛。当然，相信大多数女人必然不认同这观点。

还有就是，大众对于社会身份的认知，往往是从饮食来评判的。在经济水平低的社会中，吃得起肉，代表富裕；物质繁荣的时代里，清淡的饮食，彰显了身份。《红楼梦》里，小厨房给芳官端来了晚餐：酒酿清蒸鸭子、胭脂鹅脯，外加一碗虾丸鸡皮汤。看得芳姑娘直皱眉："油腻腻的，怎么吃啊！"名门闺秀宝钗、探春在小厨房单点的却是一道"油盐炒枸杞芽"，贾府各层主子都爱吃刘姥姥地里产的"大倭瓜、干豆角、灰灰菜"。素食，在当今的时代，似乎更是生活品质的象征。当然，这也是出于健康的考量。多种因素加起来，具备生活品质更高要求的人，也是一种生活阶层的彰显。

我不爱吃肉。

据说三岁前的我特别喜欢肉味，吃起来没够。妈妈觉得就一个宝贝儿，喜欢吃就管够，结果是，从三岁到十八岁，我是坚决不沾肉腥的。后来离家工作了，没人那么惯着自己了，也开始吃一些，但称不上热衷。偶尔吃一些应酬饭，东道主点菜的时候总是询问："有什么爱吃的，有什么不爱吃的？"

每每我说起不太喜肉荤的时候，对方总是答"明白明白，现在的美女都不爱吃肉"，笑得一脸意味深长。

我心里总忍不住开火："明白明白，你怎会明白！"

一人一个口味。嗜肉还是嗜菜，都没问题。要装成另外一个人的样子，就难免不自然了。这个年代的女人，就贵在一个"真"字。把真实的自己表达出来，那是怎样一种勇气！

这样的女人才是珍品。

职业场合中，女人真真假假的背后，爬满了你看得到或看不到的野心。

宴会上，各式美女手里的碟子精致地摆着几粒点心，偶尔咬下一角。或许，能控制食欲的女人，野心你更看不到。

当然，有野心，也未必是坏事。

我对于吃，有热情，但热情不到极高。听说了有排队的馆子，顺路也会去探探风，如果真的在排队，也就扭头撤了。

尤其参加一些晚宴活动，盼着尽快开餐，吃完饭就可以开聊了，聊完就可以撤了，对社交应酬实在是没有瘾。

记得某次晚宴，早早由着工作人员引领来到了宴会厅，自助的餐台前各种吃的、喝的都摆好了，一屋子人干聊了半小时，就是迟迟不说"吃饭"的事儿。

我溜达到餐台前问："能吃了吗？"

待命的厨师们说："等老半天了，这不就等你们发话嘛！"

我一咬牙自作主张："那就吃吧！"

"好嘞！"

厨师、来宾，皆大欢喜。一阵风卷残云之后，终于可以进入下一个环节。

别在吃饭上耽误太多工夫，这是我的信条。但有的吃时也不能饿着。我不喜欢吃给别人看的生活。

模糊记得一部电影中的场景，一位成熟的女人对初出茅庐的年轻姑娘说："如果你惦记着party中的食物，就永远别想走进上流社会！"

瞬间想到了参加晚宴一定要吃饱再聊天的自己。一脸黑线！

幸好，眼下的日子自我感觉还挺良好。

我不在乎你眼中的我是谁，
因为我深知我是谁

一个女人如何走到了知性

常有人问："怎么理解'知性'？"
"呃，大概，知性就是知道很多事情……"

知性，其实不是一种很好解释的气质，偏偏如今的女性极为追捧它。

它不是简单的理性，比理性带点柔情味。也不是纯粹的感性，比感性多几分自控。当一个女人，了解了世间的很多人情世故之后，为人处世就多了若干分寸。——这分寸间火候的把控，就是知性。

理性、感性、知性。其实是人身上的三种特质。

理性，是一种思想。感性，是一种性格。知性，是一种情商。懂事体、知进退，自成一脉的女人味。

现在男人对女人最得体的赞美，早已不是"年轻、漂亮、身材好"，而是"你很知性"。

越是浮于表面的赞美，越令女人缺乏安全感。异性那些只停留在"皮肤之上"的称赞，总会隐隐传递给女人一种油腔滑调的感受。女人也是渴望获得一些"思想上"的赞美。就如同花瓶也渴望产自名地，有内容的，才美得持久。但真正的"思想性"又是太抽象和深奥的东西，一般人未必具备得了。于是，不深不浅的"知性"，才大受欢迎。

　　一个真正知性的女人，擅长适度的隐藏和彰显。

　　懂得什么时候该表达自己的观点，也懂得何时该隐藏自己的锋芒。她未必美艳，却让人感觉舒服，喜与怒之间，已找到了收放自如的平衡。她不刻意优雅，或许言谈间偶尔也故意丢出几句荤俗，但这并不妨碍她清新地存在于人潮之中。

　　知性的女人必然是成熟的。但女人的成熟不在于深沉，而是面对那些厌恶的人和事，不迎合也不抵触，只淡然一笑对之。当内心可以容纳很多自己不喜欢的事物时，这份知性，自成气场！

　　这个时代的男人通常会喜欢知性的女人。

　　因为，知性的女人相信爱情，但不相信誓言。她可以跟你风花雪月，当走失于人群，也可以与你各安天涯。

　　一个女人能从感性走到知性，必定也经历过那个痴痴缠缠、哭哭闹闹的曾经。幸好，她闯过来了，没闯过这一关的女人，则横生不少怨气。

　　女人终归是要知性，唯此证明与自我达成了和解……

与你一生完满有关的99个关键词

关于绝望

失望不怕，怕的是不够失望。攒够了失望，就可以一切从头再来。我赞赏那些在感情中狠话说透、狠事做绝的人。如果不能够给予一个人未来，也就不要让他永远沉迷于现在。

关于生活与活着

活着是被动接受，是与不喜欢的一切虚与委蛇。生活则是享受，是和喜欢的一切在一起。从这个意义上讲，大多数人除了呼吸，并未活过。

关于单身

没人爱你，就爱自己。和自己恋爱，一生做自己的情人。广有四海，美景独享。"我爱自己，没有情敌。"

关于你爱的人不爱你

如果一个人仅仅因为你对他好才爱你，不如算了吧，这样的感情多累呀。没有人会因你的自我牺牲而感动一辈子，没有回报的爱，久了都会怨气横生。爱自己，顺便也爱一下你爱的人，这样的温度足矣。

关于理性和感性

再理性的女人也是感性的，再感性的男人也是理性的。尤其在面对婚姻选择的时候。浪漫是种情怀，最终都会屈从于现实。容貌、性格、能力，如果你不能成为对他"最有利的选择"，就不要期待他痴情到底。

关于"该不该让男人放心？"

假装是男人，是因为我们不想给男人添麻烦。不过久而久之男人也就真的把你当成男人使，什么事都舍得让你独自去扛。所以，女人终究还是不能让男人"太放心"。当你让男人太放心了，他也就不会把心过多地放在你身上了。

关于暧昧

一个打死不说，一个假装不懂。眉眼交接时以为浓情蜜意，其实细想想，也无甚瓜葛。若觉得暧昧的感觉总是忽近忽远，这就对了。一切暧昧都不过是备胎行为，离得太近、隔得太远，都是麻烦。

关于你的不完美

你不完美的地方最接近本真的人性，所以聪明人为人处世一定不会自我吹捧，反而会故意"露怯"，满足对方的优越心理需求。敢于揭自己短的人往往是人生赢家。这就像是赛跑一样，稍稍俯下身子，冲刺起来才更有力度！

关于选择

你可以不去选择，但永远不能放弃选择！不论倔强还是柔软、明媚还是忧伤，你选择的人生，就为自己负责到底！

关于个性与任性

个性，都是从任性开始的。只不过任性是初级的个性，生长到一定阶段后，思想、阅历、坚持统统掺和进来，就有了你独家定制的个性。有本事就任性到底：风华渐息，依然故我。

关于付出

每个人都追求爱情，但不代表每个人都准备付出爱情。我的爱情要牢牢捂住、你的爱情要全盘奉上。要总是这么精明地对待爱情中的得失，谁还敢跟你一起玩耍？

关于你爱的人不爱你

如果遇上的人不够爱你，那是上天在教会你如何爱自己。别再抱怨命运凄惨，其实也没人逼着你去付出。你不是救苦救难的女超人，懂得心疼自己了，女人才真正开始走向魅力了。

关于自爱

原来无常那么近，就住在隔壁。当你爱其他人胜过爱自己时，它就破门而入。我们都为那些人那些事耗尽了狂热，再爱的人、再爱的事，也终究无法替你再活一次。跟自己说声抱歉吧——"让你受了那么多委屈，真是对不起。"

关于懂事

太懂事的女人多半命不好，她认为的爱，都是以委屈自己为代价。就好比是会哭的孩子才有糖吃，幸福，有时就是任性要来的。

关于自私

自私的男人注定训练出自私的女人。没人护着的女人才要拼命护着自己。当万般柔情慢慢变得坚硬，就知道一颗心是如何走过了漫长的冷漠。

关于自恋

有些人的性格就是这样：自带美图秀秀功能，不论身上有啥瑕疵，一键就给美化了。他们总认为别人都是为了嫉妒他才来到这个世界。好吧，如果这就是你理解的生活，但愿生活也能理解你。

关于分手的修养

即便有了新欢，也不要把旧爱说得太过不堪。感情没有绝对的对错，任何"果"，都是两个人种下的"因"。此后，做一对沉默的陌路人。有一种修养，叫闭口不言。

如果我有一个女儿，一定会逼着她去多见世面。

读书、旅行、恋爱、社交

但凡能让内心更丰富的事情，即便强迫自己也要多去尝试。

一个人的狭隘、纠结、怯弱，都是因为世面见得太少。

所以我跟闺蜜们说："你必须很努力，

才会成为自己喜欢的人。"

我一直很努力地生活，就是为了某一天，

仍会在老去的时光中，爱上自己。

风华渐息，依然故我。

Chapter 2

读懂爱情

如果你正在梦中，就好好享受
当有一天梦实在做不下去的时候
赶快醒来，重新开始

任何好运都不是天上掉下来的

姑娘，别傻了！

如果他在搂着你的时候有意无意说他更喜欢儿子或女儿，这不代表他真的想娶你！

也许他在第一次约会时就想尽一切办法想和你上床，这不代表他真的会尊重一个这么容易得手的女人！

姑娘，别傻了！

也许他也同样喜欢性感美女，这不代表他喜欢你成为令别的男人流口水的性感尤物！

或者他会说喜欢你的撒娇任性、小鸟依人，但这不代表他真的想娶一个时时依赖他的老婆！

也许他真的爱你到入心入肺，但这并不代表他会为了你忤逆父母的意愿！

…………

你永远要明白：男人是目的性动物，他的一切行为，都是以目标达成为前提。

在婚姻问题上，扒开男人的内心看一看，其理智程度简直令女人胆寒。也许追你的时候他能极尽一切讨好之事，甚至冲动到可以为你做一些幼稚乃至癫狂的事，如果你没能让他在头脑发热的那一小阶段里不顾一切地把你娶回家，过几个月回头再看，理性重新占领高地，在现实条件与内心感受的拉锯战中，他有时会舍弃那个更爱的，而选择那个可以让他生活得更轻松的。

当然，即便没打算娶你，99%的男人通常还是渴望能睡你，这是动物性本能反应。为了更快地睡到你，男人会有意无意地跟你聊到一些有关"未来"的话题，就比如上面提到的"我更喜欢女儿，要有个像你一样漂亮的女儿多好"，再比如"我希望将来买一处海边的房子，我们每天踏着夕阳沙滩漫步"……傻傻的你以为这就是承诺，实则，不过是男人通向床笫的必经一站：他潜意识中会不自觉地向你释放一些暧昧不清的信号，类似承诺，但又含糊不清，实则是诱饵，就像是猎人猎物时的香饵，作为一个死心塌地地爱上了的傻女人，男人一眼便能看穿你拼了命想要的到底是什么。他给你构建了一个梦想城堡，未必是为了安放你余下的后半生，甚至他根本未曾考虑清楚是否要娶你，只不过那一瞬间，他最直接也最强烈的需求是——睡到你。

所以男人在"性"问题上总表现出强烈的矛盾性：如果一个女人总不让他睡到，那他很难坚持到娶她；如果一个女人太容易被他睡到，那他则不敢娶她。

很多姑娘对于爱情的经营之道本身是有问题的，或许是习读了一些"两性宝典"，也受一些"男人因性而爱"言论的诱导，似乎认定，只要肉体够辣，他对你就会够爱。这些女人在亲密关系上总是各种奔放、极尽取悦，男人在享受如此梦幻般服务的同时，也会隐隐忧心：在亲密关系中，男人永远渴望的是征服，而非被征服。——女人可以略含诱惑，但不可直接引诱。

女人对男人的误解还有很多很多。比如，男人或许都会喜欢温温弱弱的软妹子，更愿意把小鸟依人的她护于怀中，但真正涉及婚姻选择时，却往往是那个更有主见、更能担事儿的女人胜出！关于"男人最爱哪种相貌的女人"的心理学调查发现：男人更愿意与面部线条柔和娇美的女人约会，但在婚姻对象选择上，更偏爱面部线条略显坚毅的女性。后者给予男人的心理印象会更加地坚强独立。

男人比女人想象的还要弱，他并没有足够的自信和能力扛得起整个生活的担子。有个极火的论点"中国男人配不上中国女人"，一时热议纷纷。其实我想说，不是男人配不上女人，而是女人把男人想得太强大。男人本是一个和女人平等质量的物种，而不是神。

去年年终新出炉的婚恋报告显示，婚姻市场上最受欢迎的女性是经济条件好、相貌中等。男人、女人的婚姻观本质上是趋同的：女人渴望更强大的男人来保障自己未来的婚姻稳定富足性，男人同样需要更能干的女人来帮助自己完成一个全新家庭细胞的建立。——现实是，除非你运气好到真能遇到这样的男人，他已经强有力到完全不需要倚仗女人的互助来生活。否则，你只有变得更强大，才能遇到更强大的男人。婚姻完全是一种力与力的持恒！

除了物质方面的外在条件，再就是关于女人的各种关系处理能力，是影响男人婚姻选择的重要因素。大概没有女人不希望男人能帮她摆平婆婆的刁难、亲戚的难缠。多少姑娘因为受不到未来婆婆的认可而迟迟迈不进婚姻这道关口，她抱怨男人的无能，心寒于他的不作为。事实上，在她抱怨他的同时，他或许也在抱怨着她：在婚姻选择面前，男人通常并不看好不善于处理家族关系的女人。所以多半男人最终选择了顺从父母，即便爱她，他还是更愿意选择轻松无负担的婚姻生活。

…………

看到这里，你是不是略有醒悟？

谁都希望遇到一个人，无条件地爱你、没理由地宠你。醒醒吧，姑娘！被喜欢，不是运气，是实力！别期望别人毫无理由地喜欢上你，这个时代的爱情，是一堂活生生的励志课。你有优势，一辈子有人真心爱你！

真的，姑娘，别傻了！任何好运都不是天上掉下来的。世上或许有无缘无故的爱，但一定都是短暂的，想把它长久地留在生命里，靠的不是运气，而是——实力！

时间对每个人都是公平的
但有些感情就能打败时间
那是因为人家背后下了功夫

对待爱情要适当地耍点心机

朋友聊到丹麦有一档真人秀节目，极为有趣：从你参与节目的第一天起，就被收走了身上一切物品，衣服、鞋子、帽子、钱包、钥匙、银行卡……一切统统都没有了，裸着，但是每一天你都可以向剧组要回你身上的一样物品，在此之前，你还要和之前一样正常地去上班、应酬、约会。不少参与者在尴尬的第一天里，把裸露的身体裹着报纸去上班，万般崩溃。节目的意义在于让你发现自己身边任何一样东西的可贵之处。那些我们曾经或容易或不容易获得的东西，之后随着时间的流逝，慢慢已经意识不到它的价值。但是有一天它消失了，你就知道它有多重要了。

聊到这儿突然想到了《聊斋志异》中的《恒娘》。这个故事我经常会在女性情感培育课程中讲到，完全可当作原配斗小三之经典案例。今天不妨再讲一遍。故事有点长，耐下心看完，或许对你有启发。

　　商人洪先生的太太朱女士年轻漂亮，却丝毫引不起丈夫的兴趣，洪先生极宠爱新纳的小妾宝带，这宝带论姿色、论气质，跟朱女士完全不在一个层次，无奈洪先生就是喜欢宠她，搞得朱女士哭诉无门。

　　后来洪家旁边搬来了一户新邻居，也是商人，姓狄，也有一妻一妾。这家情况不同：这位名叫恒娘的正室太太，三十出头一半老徐娘，却能专宠于老公，那位二十多岁的美貌小妾则形同虚设。

　　朱女士纳闷了，偷偷跑来请教恒娘驭夫夺宠之术。于是恒娘就给朱女士制订了以下之婚姻保卫战术：

　　第一个月，不要管你老公，他爱跟宝带睡就让他睡去，让他们朝夕相处，慢慢地他新鲜劲儿过了你就好筹划接下来的事了。

　　第二个月，你要改变自己的形象，但不是往美了变，因为你已经够美了，你得先往丑了变。把自己最旧、最难看的衣服穿上，头不梳脸不洗，怎么邋遢怎么来，专要混在仆人堆里一起去干粗活。

　　两个月满后，来我家，我帮你梳洗打扮，在我这儿吃过晚饭后再回家，回家之后你要路过客厅，和你老公打个照面然后再回房间。回房间之后，如果他来敲门，不管你说"累了"还是"不方便"，反正说啥都不能让他进去。此后几天要拒之再三，然后才老大不情愿地恩准他进门来。之后，你便可以把他从宝带那里抢回来了。

　　…………

　　朱女士很听话，恒娘的计划也极见效。当朱女士蓬头垢面一个月之后，在狄家梳洗完毕焕然一新出现在老公面前时，洪先生简直惊得魂飞魄散，当晚就跑到太太屋门外哀声求欢。当朱女士终于恩准他进屋后，他那恩爱逢迎的劲头儿，绝不逊于新婚之夜。

恒娘是狐仙，但她的战术并不难懂，就是在"喜新厌旧"四个字上做足功夫。朱女士新婚之初，一定也备受宠爱过，只是天长日久，白璧也难免惹尘，仙女看久了也似无味一般。她要把自己弄得邋遢，混在仆人堆里做事。好比是把自己隐藏了起来，哪个男人会把眼神浪费在一个粗野仆妇身上？！当你消失良久之后，再次闪亮登场，新鲜感的魔力就能更淋漓尽致地发挥出来了。

很多太太抱怨："我换了新发型，在他面前转悠好多圈了，他竟然没看见！"——这就是天天一块儿待着，万变也不见其变了。

每一个长婚期的女人，都要有"离家出走"的本事。你不适当地消失几天，或许没人能真正意识到你的存在。

在新疆有次女性培训课程，班上有位女学员，一天的课上整个一坐立不安。课间我问她咋回事。她是位全职太太，结婚二十多年来以照顾家庭为工作，一切都听老公的。老公不愿她多出门，她就老老实实在家待着，朋友也很少交往。老公是位挺成功的商人，一直是由她精心照顾。她一面抱怨着老公对自己不关注、动不动就发脾气，一面又担忧着"我来上这个课还是被闺蜜硬拉来的，从我家赶到乌鲁木齐上课，来回要两天的时间，他胃又不好，我不在他吃不好可怎么办"！

我叫了她一声"大姐啊"，慢慢跟她说："我从幼儿园起就落下了胃病根儿。我以一个资深胃病患者的经验告诉你，少吃两天饭死不了人，但你要总是像现在这样一步不离地守着家，守着老公，将来问题或许会更严重……"

那天在我们的劝说下，她慢慢把自己身上那层紧紧包裹着的紧张和焦虑放下了。讲完课我着急赶飞机，路上突然想起，该把恒娘的故事再分享给她听。

大道理不再多说。虽然很多人不屑恒娘式的做法，觉得女人动用心机媚术去取悦男人，实有低贱之嫌。不过不能否认的是，恒娘很成功地获得了老公的宠爱，还成功地帮助学生朱女士打败了小三。

男人未必喜欢心计太多的女人。有时候想想，一个女人搜肠刮肚用尽心机来索取一个男人的宠爱，他心里不会觉得有成就感吗？

男人不喜欢女人耍脾气、玩心眼儿。女人对自己喜欢的男人耍脾气、玩心眼儿，恰正是对男人最华丽的赞美。

生活不是纯情的偶像剧。偶像剧中的心机女都被打败了，现实中好多故事恰恰相反。心机纵然被识破，男人依旧舍不得。

你的心机，但愿用不上，真要用的时候，不能没有。我不是鼓励你做狐狸精。而是，狐狸精来了，你不能输给她。

那些传世的爱情，只让我们看到了正面
背面呢？
依然满篇的欲望与背叛
所以我看一次醒一次

感情都有污点，别为情伤太伤

　　三月五日元宵节，正值结束工作开始准备晚餐，《华商报》记者突然打来采访电话。

　　"您说，女人该怎么看待情伤呢？"

　　"通常，婚姻都是有污点的：重则出轨背叛、轻则小欺小骗，情伤对你伤害有多重，首先得看你到底对婚姻的纯洁度要求有多高。睁一眼闭一眼过日子的女人最终过得都挺好，感情至上论的女人都惨得一塌糊涂。——关键还是你以什么心态看婚姻。"

　　"如果感情受伤了，试着转移自己的感情，开始下一段恋情，是不是过后也会觉得之前那个人也没啥可留恋的？"

　　"治疗情伤，这一招，慎用！"

　　有些恋情因爱而来，有些恋情因感动而来。尤其在情伤淋漓的时候，恰好需要一位疗伤的好大夫，我正疼得哭天喊地，你款款递我一味止痛药，教我如何不赶紧跟你走？！有一天，伤口平复了，曾经的感情也风轻云淡了，理性思维难免重新占领高地了——"这个人真的适合我吗？我当初怎么就一时心软跟他了！"

因感动而来的爱情，要求太高，一开始对你好，就要持之以恒地对你好，哪天稍有一点不好，你就要大哭大闹不肯罢休。其实双方都挺有理："我不能一辈子给你当奴隶啊！""谁让你把我宠坏了，宠到一半不宠我了这算怎么回事！"

我不赞成用情疗情伤。当下你是舒服了，过后发现这非你真正心仪之人，负气的事、负气的话，照样做得出。别人把你伤了，你又扭头把另外的人伤了，三个人恶性传递，都以"爱"的名义……这种损人不利己的事儿，还是别干吧！

"那情伤了就该忍气吞声吗？到底该怎么走出来呢？"

"不可以转移感情，还是可以'移情'的。"老公看着眼烦，可以多看看孩子。家里待着气闷，就多去会会闺蜜。我鼓励受伤女人去发疯地工作，至少那一段时间里你需要一个舞台，来证明自己仍然优秀。很多三人战争中，对手间之所以争得热火朝天，真的未必是那个标的物有多棒，而是我们都不愿输在情场上！感情是女人获取自信的重要途径，当一个女人对面出现了情敌，她首先被挑战的是自信，她对自己的魅力产生了强烈质疑，所以不爱的男人也要争，因为，输掉的不是感情，而是作为女人的竞争力。你在情场的不自信，可以在职场中冷艳华丽地捡回来。你可以拼命工作以获得赞赏，你见过哪个女王死乞白赖求着男人留下？！当一个女人足够认可自己，男人就变得没那么重要了。

　　不论哪一种办法吧，都是让你学着少看点、看少点。你对情伤的关注越少，它对你的伤害也就越小。我向来不同情那些身陷情伤 N 多年走不出来的人，貌似痴情，实则愚懒，不论男人、女人，你的痴情除了证明自己可与伤情天长地久之外，其他无甚价值。人家那厢浓情蜜意，你这边孤冷寡寂。如果说一开始你是受害者的身份，那么到后来，便成了真正的施害者——用你自以为是的坚持，把自己害得毒毒的。

　　感情的伤谁都会遇到，我也从不相信爱情真的会地久天长。
　　但我认同那句话："爱情都会死。有钱、有智慧，能让它死得晚一点。"

恋爱中的女人常有圣母情结
想用宽怀感化那个爱胡闹的男人
结果，你的百般隐忍只成就了他的不知好歹

能长久维系一段感情的，是有所保留

从来不欣赏"圣母"，特别是一个女人把自己打磨得无所不包容、无所不忍让，放心，悲剧随后就会找上你！

那些曾经骄傲的公主，一旦爱上一个男人，脸面也不顾了、尊严也不要了，一切都是为你付出，为你牺牲，为你无怨无悔。——喂，姑娘，你有圣母癌吗？！

想想这事儿也不能全然去怨女人。

男人是孩子，需要用一生来长大。女人都想当孩子，最擅长的角色却是妈妈。恋爱一开始，是两个孩子之间的游戏。到后来，成了大人与孩子之间的游戏。恋爱这事，总要有一个人先长大，对另一半多些包容和宠溺。通常来看：谁更心软，谁就先长大。

在"心软"比拼中，男人如何能赢得过天生情感属性的女人？！

很多女人来倾诉男人的伤害："他对我越来越狠，甚至丝毫不顾及我作为爱人的颜面。"

我的看法一向如此："你仔细想，他对你越伤越狠，这并不能怪他，他的冷漠，是因为你纵容他！"

感情是这样：你有百般隐忍，他才会恣意妄为。从呵护备至到不闻不问，爱情的悲剧都是自己写就：因为太爱一个人，而失去了自己的底线。

聪明的女人不会口口声声向男人讨要"爱"，她们要的是"爱惜"。——我不要你爱我，我要你爱惜我。爱情都有毒性的一面，仅仅只是爱一个人，总有无可避免的伤害。最好把彼此当成独家的珍藏，小心轻放，此后才能久长。

患有圣母癌的女人就是这么不自信，有时她的雍容宽怀，未必是全然自愿，或许是因为她太害怕失去他的宠爱。女人的逻辑常常就这么简单：我给你足够厚实的爱，你必然也会还我分量相似的情。

大部分女人在这条等量置换的路上走没了结局，却仍有大批后来者前赴后继。

有时我想，当你具备了爱的能力，就不会再害怕失去他的宠爱了。自己没有的东西才会拼命向别人要，可是，爱不是要来的，是换来的。——讨要

得那么辛苦，还不如努努力，成为值得被爱的人。

　　不论圣母还是圣母癌，有一天你总会明白：能长久维系一段感情的，是有所保留。

　　那么倾其一切地去爱一个人，爱若走了，人也就灰飞烟灭了。虽然我并非发自肺腑欣赏这样的爱情观，可生活如此现实，总要保存实力，才有被爱的价值。

　　你可以有圣母的一面，但女人的幸福在于，她不仅仅会做圣母。

有闺蜜问：我嫁不出去怎么办？
嗯，娶个男人回家也不错。

嫁 TA 之前，弄明白他是否值得托付终身

身边很多姐妹，30岁上下，放在女人堆里是绝对的出类拔萃，只是若干年了，还一直单着。她们没事儿也会跟我念叨："我觉得我不错呀，为什么嫁不出去？"

我提示："那你就不能娶个男人吗？"

有人说中国人在情感观念的开放程度上已经赶超欧美，位列世界极前端了。我还不敢信，即便那些一边玩着"摇一摇""天亮就分手"的人，在婚姻选择问题上，也古老得如同旧时代，绝大部分人都在向主流的婚恋观靠拢：年龄最好男大女小，哪怕只大一天！收入男多女少，哪怕只多一块钱！身高男高女低，哪怕只高一公分！

在一些男女年龄差较大的婚姻中，如果是女人嫁给了大叔，周围一片宽厚的喝彩声；若女人嫁的是位小老公，周围难免冷嘲热讽。某天后W与

小11岁的前男友复合，网上一片骂声，"老女人""厚脸皮"之类的词看得我眼睛刺痛！谁能说这不是一种性别歧视！男人娶一个小几十岁的太太被传为美谈，女人嫁一个小十多岁的男人就被视为笑谈。在那堆憋足了劲儿等着看笑话的人眼里，我实在看不到这个社会中婚姻心态的良性进步。

当然这并不单单只是哪个人的问题，传媒在其中也承担了很重要的责任。打开电视机，看看偶像剧看看广告，里面完美家庭都是有模板的：老公是什么样的，老婆是什么样的，住的房子是什么样的……这是一种潜意识的信息植入，这些信息接收得多了，你对婚姻和家庭生活的要求必然会提升。所以女人在选择婚姻之前，首先要搞明白"男神"和"男人"的区别。

咱不老拿中国女人说事儿，嫁人往上嫁，是全世界女人的共同心态。没有女人在选择婚姻伴侣时不喜欢高的、帅的、有钱的。只是当你一直往上看，已经看不到异性之存在，但还想结婚时，怎么办？

女人渴望一个男人能在精神上征服她、驾驭她、引领她，没有女人不喜欢见多识广的男人。这也是女人毕生的择偶目标。所以20岁时你遇到一个男人，跟你说他去过西藏、西欧、西雅图，你崇拜得不得了。30岁时遇到一个男人再这么跟你说，你头一扭："喊！我去三回了！"

这就没法往下聊了。

爱的产生都源自新鲜感。年轻时我们懵懂无知，很容易对迎面而来的人满怀好奇，那时候的我们，很容易动心于一个人。当阅历渐丰，别人见过的你见过了，别人没见过的你也见过了，还能因新鲜而产生一种心动，难上加难！这就是女人的尴尬，年龄确实是爱情的杀手。

近年来也可喜地看到了一些女强男弱的婚姻组合，娱乐圈中的姐弟婚越来越多，生活中女高管嫁男下属的也有不少。有台湾的朋友聊到她身边的夫妻，说台北街头越来越常见到推着婴儿车的全职爸爸……谁说只有女人仰望男人的感情才万年牢靠？女人挑战一下户主的角色，或许感觉也会不错。

所以，要么嫁一个能让你崇拜的男人，要么娶一个崇拜你的男人。你还别嫌不公平。——姐们儿，谁让你那么能干！

好男人你不爱，专门喜欢一些坏坏的"危险分子"
为啥男人到了你面前却不愿意犯坏了？
嗯，这个问题值得思考

怎样诱发出男人有趣的一面

很多女人离开一个男人的理由是："你真的很好，只是我们不合适。"

再钝感的男人也明白：女人说"你真好"，就等同于说"拜拜吧"。

在女人眼里，"好男人"都是坏男人，"坏男人"都是好男人。当然，女人喜欢的"坏男人"，特指有情趣的男人。就像无数姑娘说的："男朋友不找有财有貌的，只找有趣的。只要能让我觉得生活有趣，过得穷点、长得惨点我都能忍！"

似乎有趣的男人比有财有貌的更为稀少，听过的人多、见过的人少。在理想男友欠缺的都市里，一群群"呆头鹅"遍地穿行，有人因此说："如今的男人面对感情，缺乏一种原始的野性。"

大家把这归结为一种男性激情心理特征的退化。

其实不然。

人性都是立体的，属性永远都有两面。再老实巴交的男人心里也有个小恶魔在蠢蠢欲动。很多情况下，男人的"坏"，需要女人这个酵母。

面对一个浑身充满着魅力的女人时，男人会不由自主地生出征服欲。——那些若隐若现的"坏"，此刻全面爆发!

爱情，是一个寻找最佳对手的过程。需要双方心智上的势均力敌。这两人之间的交手过程，才是最让人期待的部分。女人总习惯性地误以为，男人主动博取美人欢心是天经地义，于是她始终在等，矜持着保持一种姿态。

殊不知，爱情中任何一种追逐，都需要一种"唤起"。男人更是如此，能诱发出男人"趣"的一面，那是女人魅力的体现。

若你从男人身上看到的只是"好"，其实真正该想的不是"留下"或者"离开"，而是反思自己为何让这个男人平静得如一潭死水?

你是怎样的人，就会遇上怎样的对象。

不必一味地感慨男人的不可救药。每个男人都有"坏"的一面，如果你总也没机会看到……这算不算做女人的失败?

如果从未遇到错的，永远也不可能知道谁是对的
让你痛不欲生的，往往最终能成就你的幸福

如果他给你的不是最珍贵的

　　提到小三，并不鲜见。说一个在某次节目录制中接触过的女孩吧，虽然聊起自己曾经的那段经历，她已经云淡风轻。

　　她爱上了一个有家的男人。每次，只能趁他出差时跟随在侧，躲在他住的酒店里幽会。

　　那一次又是如常。男人沏好了酒店房间免费的茶包，放在她床头，看着那白瓷杯，他的蜜语、他的温柔，抵消了平日对他的一切怨气。她满足地笑着，喝了一口却皱眉，好难喝的茶！浮着一层茶油，说是茉莉花茶，却满是一股涩气。她想：该给他带些新鲜的茶叶来才好……

　　温存过后，男人起身去工作，她就在房间里等他。收拾收拾东西，烧上一壶开水，要给他的茶杯里续点水，晾温，等他回来解渴。这样的时间她也觉得很幸福。有所期待。并且，很快就能等回她等待的人。时间也似乎只在这一刻才有了生命。她把他茶杯里已经放凉了的茶水倒一半在洗手

池里，酱红的茶色细腻地在白瓷盆里均匀摊开……即便不算太懂茶的她也知道，那是上好的红茶……

她想起了二十岁时的一件小事。

那时她有个要好的闺蜜，爱上了一个男人，也是无条件地付出。七月，是那个男人的生日，她陪着闺蜜去西饼店，那时他们都很穷，闺蜜还是坚持买了最贵的蛋糕。到了那男人的住处，七月的毒日头已经晒蔫了两枝花骨朵儿。男人把蛋糕放进冰箱，里面各式冷饮俱全，俩姑娘更觉口渴不已。她用眼神儿碰了碰闺蜜，闺蜜就跟男友说"我们口渴了"。那男人很自然地说："哦，那边壶里有水。"停顿了几秒，闺蜜起身去暖水壶里倒了两杯滚烫的开水，一杯递给她。她放到桌上，跟闺蜜说"咱们走吧"。

后来，闺蜜和那个男人分手了。不论有多爱，女人总有醒来的时候。

她只是没想到，十年后的自己，竟然也犯同样的贱！

那杯苦涩不堪、浮着茶油的茉莉花茶，她静静喝完，一口没剩。——终究，她还是和他分开了。

很多时候，你用爱情催眠自己，抗拒世俗道德也在所不惜。

只是，你所坚持的爱情，未必像你想的那么伟大。

把好的留给你。——爱，就这么简单。

女人不是要最好的一切，而是要那个男人给予她力所能及的最好的一切。

"不管你有多少，如果给我的不是你最珍贵的，我也就不要了。"

女人一生都在追逐安全感
不是因为安全感太难找，而是安全感太无聊
她不愿让自己这么快找到

安全感从何而来

女人说："我没有安全感。"

男人说："别怕。我会给你安稳不变的生活。"

这故事，别以为是喜剧，也有可能是悲剧。

女人说："我没有安全感。"

男人说："别怕。我会给你刺激多变的生活。"

这结局，多数人以为是悲剧，却恰恰有可能是喜剧。

你以为女人缺乏的安全感，都要拿安稳踏实的日子来补，实在大错特错了。对于大多数经历不复杂、才干不惊艳的女人而言，最没安全感的日子就是：未来的几十年，也如之前的几十年，一样一样的……

平淡，是平凡女人心中，最没安全感的生活。

安全感，每个人都需要。

人人需要的形式不尽相同。

男人间流传的把妹圣经是：若她涉世未深，就带她看尽世间繁华；若她心已沧海，就带她去坐旋转木马。

有次在《苏闺正传》中聊到浪漫这回事儿，有男网友说："熟记星象，约她到山顶把对方的星座指给她看，对着星星浪漫许诺。"

兄弟，拜托！观星软件遍地，分分钟下载到你的"小苹果"。看星星这种浪漫，还真要因人而异。三十岁以上的人去看星星，聊未来，没准儿觉得浪漫死了；二十岁的人则一定会说"不要那么幼稚好不好"。

这世上，大概只有累极了、伤极了的女人，才渴望过得日日安稳。当某天，她养好了伤、歇好了乏，也许，又会从"旋转木马"，仰望起了"云霄飞船"。——这就是人性，男女皆同。

女人安全感的来源，婚姻是重要的实现途径之一。

婚姻，无疑是女人的赌注。大多数女人赌的不是安稳，而是浪漫。嘴上说得再现实的女人，也爱把婚姻当成是"后恋爱时代"，延续热恋的状态，是每个人心底涌动的期望。

婚姻调查显示：八成以上的女人表示嫁得后悔。

我想，多半女人不满意的未必是身边这个人，而是自己所处的这种生活状态。女人比男人更渴望婚姻的激情，岁月抹淡了当初的冲动，日子也越来越无趣。一眼望到的，是未来几十年如此这般的生活，里面布满了一年老似一年的容颜。——教她如何不慌张？！

　　安全感，是个不好解释的词汇。

　　它折射的是对未知生活的欲望。动荡的想要安稳，安稳的渴望动荡。说穿了，安全感，长在你不曾拥有的生活中。

　　当一个乖乖的姑娘说"我好没安全感"。

　　好吧，冒险生涯即将拉开大幕！

把你伤至肺腑的人，你总是念念不忘
为你包扎伤口的他，则随意抛到脑后
女人天生都有悲剧情结，总认为爱得苦痛，也才爱得崇高

能给你未来的，是你身边那个始终没有离开的人

有个男孩说：女朋友是个很痴情的人，谈过两次恋爱，很爱第一任男友，却被无情地抛弃。第二任男友很爱她，最后遭到她家人强烈反对而分手。如今我们在一起，她经常想起这两个前任，一个是受伤，一个是内疚，迟迟放不下。她的痛苦，我相信。可比之于她，我更是加倍痛苦。就这样眼睁睁看着她想念旧人旧事……经常想放弃，却无法不爱她。

这样的故事，让人生气。爱，不是一味地迁就。女友敢在男友面前毫不掩饰地怀念两任前男友，这不仅是女人的痴情，更是男人的纵容。明明是正牌男友，却忘记了自己可以名正言顺地吃醋！

这样的故事，也让人叹息。世间最珍贵的，不是一见钟情的遇见，而是两情相悦的后来。感情中有一种隐隐的痛楚：遇到了你喜欢和喜欢你的

人，尴尬的是，他们不是同一个人。

有人因此戏言："我爱的人痴心不悔，爱我的人排成长队。"——世间的道理，说也说不清楚。

虽说说不清楚，但不得不说，很多记忆，因为遗憾而长久。

对某些人而言，生命，是一个不断捡拾悲伤的过程。一路走着，一路回头，满目皆是往日之遗憾。

记忆，不会放过任何一个人。

悲剧往往就是如此：我们在幸福中回忆着悲伤，渐渐幸福也长成了悲伤的模样。我们置爱情于不顾，自我地祭奠着前任，忽然某天发现，现任也成了另一个前任。

有句老话：身在福中不知福。

说得实在太有道理。身边哪有风景？风景都在远方。

不是"已失去"和"已错过"真的就有那么曼妙，仅仅只是因为它们不属于你，所以强大的自负心开始跟你闹意见。

终归，只不过是一场"占有欲"的闹剧。

或许有一天，当你想念，却不想再见，就终于对爱情有了完整的认知。

上天不会给予我们想要的一切，爱情的后半程，终究只能一个人独自走完。

人人都有可怀念的过去，但能给你未来的，是你身边那个始终没有离开的人。遇到了，请珍惜。

女人的安全感来源于让男人没有安全感
能否做到这一点，决定了你是女人还是女神

什么样的你，才会让他永远离不开？

我曾在微博中写下这样一段：

你说我勇敢，甚至有那么点莽撞。

你说我执着，甚至有那么点盲目。

我不如花美，但也要开在春天。

我不是公主，但也要昂头挺胸。

谁说有钱有貌才可以任性？！

你们若是不懂我，就不要说我不懂事！

点完"发送"，连自己都有那么点心潮小澎湃。女人，无条件地认可
自己是一件多么美好的事！

耳听各种抱怨、控诉、议论男人好色的声音。有时我想：男人好色又
怎样？！为什么你不能把自己变成让男人"好"的那一口色？！

"男人好色，女人就要出色！"

这话说得多棒！

一些"怨妇"诉苦连天，惨状自比再世秦香莲。即便对面的人如何跟着她们一起叹气一起骂，这一腔子的怨气，没人真的爱听。情场终究是弱肉强食的地方，不被男人爱的女人，也不可能真正被女人敬。

每每看到这类型的女人，我总在想：如果把抱怨的时间用来读书、交友、健身、美容……若干年后她照样可以有甩他的资本。

这些凄风苦雨的女人，怎么就走到了今天这一步？

女人生而渴望安全感，当她爱上一个男人后，也会不断向他输送安全感："我这辈子就跟定你喽。你要像我爱你一样爱我。"

可惜啊可惜，女人爱上的是生而渴望挑战的男人。当猎物完全归服，那种满足之后的失落感，渐渐升腾……

男人之所以让你没有安全感，是因为你让他太有安全感。——这是每个女人都该懂得的道理。

聪明的女人不会经常对男人说"我爱你"，她的世界里不仅仅有他，她会让男人感觉到"等我有空再爱你"。于是这事就有趣了，一个犹豫着要不要给的女人，最能让男人上赶着献殷勤。

很多人问我怎么维持激情？

一个偏想要，一个偏不给；一个急急地要，一个慢慢地给。激情不就是这么来的吗?

　　人性中都有争宠的欲望。人一生费尽心思只想证明一件事:我是不是最重要的那一个。

　　他可以是最重要的,当然,除你自己之外。

　　你可以做男人身边那个默默跟随的女人。前提是永远让自己成长。这样,有朝一日,当他忽然转身,发现人群中你依然是最亮眼的那一个。

　　当然希望你们能够一辈子在一起。即便不在一起,你也要有可以做选择的能力。

　　或许,当女人有能力离得开任何一个男人的时候,才是男人真正离不开她的时候!

有些女人，嫁给谁都过得蛮好
她们把对生活的要求寄托在自己，而非对方身上
从此，找到了开启幸福的钥匙

容易幸福的女人不跟自己较劲

身边有位结过三次婚的女士，某天突然说："结了三次婚，我突然悟出一个道理，跟谁结婚都一样！要早明白这个道理，我就不会离前两回。可要不离前两回，我又不会明白这个道理。唉！"

多有趣的领悟。不知那些一天天奔走在相亲路上、非要精挑细选到一个 A+ 老公的姑娘们该做何感想？

不得不承认：有些女人，嫁给谁都过得蛮好。

别的女人用来等老公回家的那些时间，她们用来见闺蜜，上兴趣班。

别的女人在纠结老公为啥不再送她礼物的时候，她们早为自己买下了心仪的礼物。

别的女人抱怨老公越来越疏离，她们则让自己活得悠闲滋润，家外的一切觊觎者反而如数溃败！

…………

　　只要是心理正常、性格不极端、外表看得过去、无严重不良嗜好的男人，随便挑一个，女人照着以上的活法照料自己，日子一定都说得过去。

　　要把对生活的要求都寄托在自己，而非对方身上。

　　习惯了索要的女人是最不可爱的，那种卑微又纠缠的姿态，让女人所有的贵气全都消失殆尽。男人给你的，你接着，否则下次他就不会给了；男人不给你的，下次也别再要了，再要就是贱了。

　　其实，男人能给你的东西，都是不能长久的。爱情、温柔、体贴……一切都有疲倦、疏忽、保质到期的时候。唯有自己内心生长出来的快乐，才是一辈子的。

　　好好疼自己。不期待也就不失望，不纠缠也就不受伤。

　　当你不痴缠、不依附、不跟自己较劲……女人，嫁给谁都一样！

女人就要像玫瑰，有点性格，也要有点性感
而玫瑰一点红艳，你准备好了吗

唇间女人味

"如果出门时间太紧张，来不及整个化妆，只能进行一个部位的化妆，你认为它应该是什么？"

好多女孩子被问到过类似的问题。答案一定是五花八门。

"粉底最重要。可以给我一个好气色。"

"涂睫毛膏必不可少。女人的眼睛有神才可爱。"

"一定是描眉。有精神的眉毛可以提升气场。"

通常有这类答案的女人，都是或可爱或干练的类型。

另一型的女人会莞尔一笑地答"我会精心地涂上口红"。——这一类，通常是极性感的女人。

在心理学研究中，当人看到红色，心跳和脉搏会加速，甚至带有一种呼吸急促的兴奋感。

红色，是最带有"性"隐喻的色彩。

英国动物学家德斯蒙德·莫里斯认为，嘴唇是一个"生殖器仿体"，其触感、厚度和颜色与女性的私处类似。他在实验中让男性志愿者们观察涂不同口红颜色的女性，并做出评价。结果发现，男性们一致认为口红颜色最鲜红的女人最有魅力。

而另有一种说法是：女性在青春期时，嘴唇柔润饱满，此时其体内的雌激素水平也较高；随着年龄的增长，衰老也会令嘴唇逐渐变薄，这也是一个雌激素水平走低的过程。嘴唇是评判女人生殖能力的重要依据。——所以在西方的文化中，两片丰阔的娇艳厚唇是女人性感的标志。

于是再回过头来观察身边的女人，不难发现，往往那些善于使用各色艳丽唇膏的女人，更熟谙风月。

每个人的两片唇，其意义不仅仅在于说话时的表情达意。嘴唇所传达的，更有一种无声的魅力，难以言喻。尤其那绽放于红唇间的一抹微笑，更是姿彩倍添。所以这世上有一种女人，不漂亮，却魅力独具，那一种女人的味道，从唇间幽幽地蒸腾。

很多女孩向我询问：如何才能变得更有女性魅力？

选一支适合你肤色的口红。

漂亮的嘴唇如果不用来微笑，便是最大的浪费。

我始终认为，容颜比男人靠谱
在男人身上耗费精力不见得能让他长久地爱你
在容颜上花费的时间，却一定会收到等值的回报

你有多努力，就有多迷人

还是那句话："外在决定你们会不会在一起，内在决定你们会在一起多久。"

一见钟情，还真的就是帅哥美女间的见色起意。话虽然有些悲观，但在这个看脸的时代，外貌出众无疑会令人走得更顺当些。那么，你会为了真爱而去整容吗？

调查发现，接近七成的受访者表示风险不大的前提下，会适度整容；只有34%的受访者认为真爱无须整容。

在职场中也是一样，国外一则调查显示：在同等的学历、资历、能力之下，外貌及气质出众的员工会比外貌、气质平庸的员工收入高出百分之十五左右。

有趣的是：虽然社会常常以貌取人，但一旦发现某人去医疗美容机构

做了一回"回锅肉",各种骂评则扑面而来。不同于日、韩国家对待整容的淡定坦然,中国人对于在脸上做文章这事儿,一方面渴求着,一方面又禁忌着。似乎只要掺杂了人工的美,也就美得毫无底气。

一方面,或许是受传统观念中"身体发肤受之父母"的影响,人们对于整容这事儿总有些非议,但另一方面,现实却是,整容业已经成为国民消费领域的第三大户。一边骂着,一边干着,整容确实是生活中很微妙的一件事情。

在我的身边,微整形又似乎是无处不在。

几年前参与台湾电视制作人陈宥颖老师的节目,在后台她跟我聊到会定期注射肉毒杆菌消眉间川字纹。我有点不解,印象中肉毒杆菌、玻尿酸为演艺明星专用,作为幕后制作人,用得着吗?陈老师本人非常风趣:"每次我开会的时候,看到他们都眼神怕怕地看着我,我就明白'哦,我该去打针了'。打完针之后眉头舒展了,好像一直很开心的样子。他们看到也就很放松,'陈老师,最近是不是有什么开心的事?感觉心情很好哦'。不老皱着眉头了,连我看自己都觉得开心多了。"

近一年来,我的眉间也渐川字并拢,也尝试注射过肉毒杆菌,第一次感受到眉头紧紧撑起的力量,我提醒自己:"拜托,请微笑!"

嗯,看看镜子里的自己,确实比之前开心了不少。

我不反对女孩子在经济条件允许和心理状态成熟的情况下给自己的身体做些微调,也见到了不少因为一些"小微调"而让自己自信提升,从而迎来更多机会的年轻人。我一直纳闷儿的一件事儿是:如果真的整了,又何必天天力证自己是天然原装的呢?整容这事儿有这么丢脸吗?

认识一个国内著名的整形科医生,很多明星都是他的作品,经常在他出席一些活动的时候,会收到明星客户的短信,很客气地问候之后,便告诉他"那个活动我也会去哦"。这么说的目的可不是为了约酒约歌,而是很隐晦地告诉他"明天我会装作不认识你,希望不要生气哦"。明星一旦跟整容医生聊得熟络,被周围人看进眼睛里,含义自然不言而喻了。

后天美女总有这样的尴尬:对于美丽,热切地追求,又时时心虚。似乎不是爹妈给的,就一切都不光明正大。

我始终认为,一流女人驾驭美丽,二流女人被美丽驾驭。如果非要把获得美丽的方法分成三六九等,这才是对美真正的亵渎。

相比于外貌的完美,我觉得一个女人对于美的热情,才是最美的气质。印象最深的是曾经在韩国街头看到一位身怀六甲的孕妇,一身白衫白裤,点染着极其精致的妆容,漫步在南山小径,嘴上还涂着那年最流行的"千颂伊色"。那样的美好,才第一次让我明白什么叫"孕期是女人最美的时刻",因为她安详,母爱,仍没有放弃自己作为女人对美的追求。

什么时候都要漂亮,当一个女人积极地在气质、形象各个方面提升自己的时候,那种努力,真的十分迷人!

所以,我经常跟一些女孩们讲:永远,永远,要努力地爱更漂亮的自己。你有多努力,就有多迷人!

与你一生完满有关的99个关键词

关于心死

女人都是记仇的，但她也很能忍。是女人都会为爱委屈自己，总有一天爱到尽头，女人会比男人更决绝。没有谁是一夜绝情的，那之前必然经历过许多许多凉彻骨髓的辜负。只有摆脱了情爱的束缚，才有可能无限量地突破自我。女人哪，若不心死，怎会脱胎换骨！

关于脾气

如果一个人给了你诸多痛苦，不要忍。很多人把退让当宽容，但宽容的前提是互相体谅。只因太能忍，所以才永远不能翻身。脾气这东西，多不得，但一点儿没有也不行。

关于伤后的心

如果你被爱情伤害过，接下来的恋情往往只能停留在浅爱阶段，喜欢着、暧昧着、调情着，却永远无法抵达深爱的程度。玩世不恭的外表下，躲藏着一个胆怯的小孩。你只是以为，浅浅的爱，就不会变质。

关于生命

如果生命只剩一年,你还会不会像现在这样活着?可不可以大胆地做想做的自己?//活得越久,越要瞻前顾后,要与生活虚与委蛇。多少人活了百年,却不如烟花般的生命璀璨。//漫长的一生如何才算尽兴?只差一次不管不顾的任性。

关于优雅

优雅也分等次:三等优雅靠努力训练得来,二等优雅随尊贵出身而来,一等优雅被委屈历练出来。曾经生活的百般凌辱,后来,低头一笑,释然了。它生长得最为坚固、沉静而安谧。时间深处,越发动人。

关于孤独

最难忍受的是繁华过后的寂寞、陪伴之后的孤独。我们都是独自来到这个世界,一个人的生活原本没什么不好,直到某一天,某一人未经许可闯入你的生活,却又在你习惯有他之后骤然离去,这时你就懂得了孤独、结识了寂寞。

关于生活的善念

最美好的事是有人爱你,最安心的事是有人信你,最幸福的事是有人陪你,最奢侈的事是有人等你。//善待爱你的人,回报信你的人,珍惜陪你的人,感恩等你的人。——生活中那些善念,就这么简单。

关于爱之毒性

感情都有几分毒性,但过着过着你就百毒不侵了。哭啊闹啊,那都不算啥,熬久了就发现,曾经让你痛不欲生的,最终也让你骨肉相依。

关于缘分

"某一人似曾相识、某一刻似曾经历",这样奇特的感受大概你也有过。心理学称之为"即视现象",是记忆中太多杂乱信息制造出的一种潜意识矛盾冲突。不过,我更喜欢另一种迷信的说法:"今生你遇到的每个人,都有前世的渊源。"所谓缘分,是一世接一世的执念。逝水沉香,轮回静守,终于我们又遇见……

关于感情的降服

最好的感情,就是两个人在一起,互相降得住。正所谓一物自有一物降。刁蛮任性的人也会遇上一个让他们忘记了耍浑的人。//高贵抑或犯贱,都需心甘情愿。降不住你的人,你则做不到心甘情愿。//大家总在问:"什么才是对的人?"有钱有权的、有才有貌的……细想来都是浮云。只需找一个降得住你的人。

关于爱的感恩

当你开始挑剔、怠慢自己的恋人,请记住一点: 除了你,TA还可以有其他选择。// 爱情中,每个人都可以有 N 个选项,最终选择了你,也算一种恩情。珍惜自己的选择,感恩对方的选择。

关于"好聚好散"

好聚靠缘分,好散靠修养。好聚好散,实在不是个容易做到的词汇。分手后的痛苦,在于把对方想得太坏,悔恨于曾经的付出。获得解脱,从宽恕对方开始。曾经在一起的那几年,哪怕只拥有过点滴的笑容,也证明了它真实存在的价值……

关于"适度的无知"

当一个人什么都懂了，那就是孤独的开始了。我们耗费一生时间寻找同行者，只因世上最幸福的事情莫过于"被理解"。越走向高处，越难拥有被理解的幸福。所以，不必无所不能。适度的"无知"，也未尝不是一种福分。

关于自由

自由不是一种选择，而是一种能力。当你拥有更强的驾驭力，才拥有更广阔的自由。若总觉得被束缚，不是生活出了问题，而是你对生活的驾驭力还不够！自由，只垂青于强者！

关于"后来"

爱情中最让人怕的两个字是"后来"。后来，一切不想改变的都已改变。// 每个人都害怕结束，因为有一种最寒冷的感受是：两个人逐渐从陌生变得熟悉，又再从熟悉变得陌生……

关于"疼痛的记忆"

人越长大，心越慈悲。曾经无法容忍的，也都渐渐包容。经历过遗憾的心，才加倍柔软。因为疼痛，我们得以长大。生命中有诸多遗憾，回头想来也恍然：最疼痛的记忆，只与某个人有关。

关于安全感的缺失

总说自己没有安全感的人，只是习惯了索取而已。希望别人不断地给予，来填充内心的空谷，这已经是一种自私了。任何一种可长久的力量，都是内心生长出来的。没有安全感，是因为没有成为自己的主人。

欲望拉他靠近。

理智推他退后。

他易动心于危险的女人，却只会选择安全的感情。

他在克制中引诱，又在引诱中克制。

他擅长暧昧，却又常常不解风情。

他让女人哭干了眼泪，最终却又是他离不开那个被伤走的女人。

男人像孩子吗？我一直在思考这个问题。

不过现在我有了答案：男人渴望更辽阔的情场，

却应付不来太繁多的女人。

男人有孩子的贪心，却未必有大人的胃口。

他们一直徘徊在圣人与罪人之间。

Chapter 3

蜕变气质

男人喜欢暧昧
在暧昧的时候
他可同时与脑海中所有的女人缠绵

男人一生的三个女人

男人一生有三个女人：一个活在回忆里，一个活在生活里，一个活在幻梦里。

她们既彰示着男人的不同人生阶段，又印证着男人丰富的情爱需求。从漫长一生来看，男人很难长久专注地只爱一个女人。这是男人和女人爱情观最本质的对立：女人爱一个男人，会爱到忘记过去和将来，满眼满心就只容得下当下这一个。男人心里的女人们，却都平行存在着。

女人的心里，爱和喜欢是一码事：真正喜欢上一个人，就很难再去爱另外的人。当一个女人下定决心对男人说"我喜欢你"时，内心几乎涌动着以身相许的决绝。女人爱的表达方式，总喜欢略有遮掩，明明是爱的，却只肯言至"喜欢"，她害怕浓情遭拒的伤害。男人正好相反，"喜欢"也要夸张成"爱"，且会在心里给各种不同浓度的喜欢添注上标签，浓度最高的那个称之为"爱"。

常听一些男人对女人说："对她们只是喜欢，对你才是真爱！喜欢的人全世界可以有很多个，爱却是唯一！"

那样子慷慨激昂、振振有词，不少痴心姑娘心一软，也就被他蒙过去了。我绝不认同这样的话：这世上，固然是有"喜欢"和"爱"两种不同的情感，但喜欢和爱很难同时存在。你内心真正属意于某人时，很难再腾出心思去喜欢其他的人。如果你能同时喜欢着那么多不同的人，也只说明，你真正喜欢的，是自己对感情的享受罢了。

正因如此，男人才倍加喜欢暧昧。

暧昧其实非常好理解，当你渴望恋爱的发生，而凑巧的是恰好遇上了还不错的异性，难免就会在这个异性身上发挥你关于情爱的想象力，你渴望和他发生些什么，但又并非是对方真正在情感上俘获了你，接下来潜意识就开始作祟：你表现出想要爱的样子，却又惧怕真正落实到行为上的爱，你在理性中并未全然认可对方作为对象的合适性，感性范畴中又隐隐做着想象力的美梦。——暧昧就这样发生了。

没有男人不渴望暧昧的故事，因为这是让他脑袋里所有住着的女人都能派得上用场的最好途径。男人的情爱世界，有一部分重头的时间，用来"意淫"。曹植是在婚后为甄妃写下的《洛神赋》，我不太认可野史中对于曹植、甄宓私情的渲染，对于曹植而言，甄宓更像是一个活在他幻梦中的女人。曹植用她来幻想情爱的琳琅。生活中这样的男人还有很多，他们写不出"矫若游龙，翩若惊鸿"，但在半耷着眼皮的假寐间，似乎闻到了肉烘烘的味道。他们活像电影《美国丽人》中的莱斯特先生，整日幻想着女儿同学的鲜活肉体。这种意淫并非都是不好的，就像很多咨询师给予夫妻间的建议一样，适当地拥有幻想对象，可以让性爱保鲜，尤其男人，蓬勃的情欲想象力，是情爱过程中的一部分。

男人的情爱观一直是贪婪的。舜有娥皇、女英，唐后主有大、小周后，竟然传为千古佳话。贾宝玉纵有要与林妹妹生死一处的决心，见了宝姐姐的白腻膀子，也难免想要"摸一摸才好"。

女人的心都是单人房，男人的心里却能放得下一张多人床。那些女人平行存在着，在不同的区域游走。不论回忆还是幻梦，男人在自己营造的情欲世界里游历得不亦乐乎。

其实这也没什么不好。只要，别对男人的情感纯度要求得太高，生活依旧不会有太大妨碍。男人毕竟属于理性动物，他对情爱安全范畴的理解比女人深得多。社会要求他得先像男人一样承担，而后才能像男人一样享受。因此，男人可以放弃女人，却无法放弃世界。于是大多数男人依旧在顺从着世界的要求生活。幸好如此，那个活在他生活里的女人，才得以安稳。

对于纷纷扑面而来的女人，一面在克制，一面在引诱。——男人，一直徘徊在圣人与罪人之间。

女人都喜欢浪漫的男人
而男人浪漫绝非天性，不过是后天训练有素而已
他如何对你，也会如何对待别人

他们浪漫背后的真相

男人的情场如此辽阔，女人的爱却容不下三个人。

想到这儿，身为女人我也叹息了。

大概没有女人不喜欢浪漫的男人。——嗯，这实在是个问题。

女人的浪漫是天性，男人的浪漫是手段。一旦感情稳定了，男人懒得再浪漫，于是女人哭了、怒了、失望了，大呼"上当了""受骗了""男人变心了"……我常常趁她们哭到一段落的时候递过一张纸巾："自始至终能浪漫一辈子的男人世上有几个呀？！"

不过，浪漫扎根于血肉的男人也还是有的，纵然不多，可你也别以为碰上了是福气。有一种男人如斯浪漫倜傥，让女人几乎以为是完美情人的化身，其实那只是在写他一个人的史诗。

这样的男人，你和他在一起时是开心的，分开后细想想，却又有很多很多的不开心：他给你的承诺，无关柴米油盐，全是比翼、连理之类的大空话。他会在你生日的时候陪着精心打扮的你去看一场午夜电影，走在星空下畅想天际，却绝不会在你病得蓬头垢面时忍受你因病痛折磨的坏脾气。

他不操心你是否快乐，只关心你是否能让他快乐。

当你说到不开心的事，话头刚起，他便哄住你："宝贝，在一起就要开开心心的，不高兴的事情不要去记，你只要记住，我爱你……"

那眼里的深情款款几乎能溺死一个被爱情的冲击波击烂了智商的傻女人。

浪漫入骨的男人，追寻的是浪漫的一生。如果你也是个浪漫的女人，那么很好，你会成为他的女主角，或是之一。不过从内心来看，他们并不愿真的在哪一个女人那里留下，因为，史诗一旦画上了句号，光环落幕，虚荣又可栖何处！

有时看看那些平凡的男人，浪漫了一阵子，媳妇娶回家了，花儿也不送了、生日也不过了、"我爱你"也再没说过了……女人们闹啊，打啊，不乐意啊。可是如果一个男人一辈子能把这些都样样做得妥帖，作为他身边的女人，大概，你活得更焦虑……

浪漫的男人可爱，可是不能爱得太认真。

就像很多年轻人问我：最好的生活到底是什么面目？

　　最好，生活能是这样：房子无须太大，阳台有草有花，中午晒着太阳睡着在躺椅上。偶尔闹闹脾气，我哭，你哄；你怒，我聋。我们记性都差，吵了架扭脸就忘，踏着夕阳西下，一路上聊得嘻嘻哈哈，捧回半个西瓜……如果这就是我们的一生，该有多好。

　　最好的生活和最好的男人一样，不求美观，只求实惠。

　　男人不必太帅，当你睡到半夜，渴得醒来，踹一脚旁边的他，他骂骂咧咧，但还是下床把水给你端过来。

　　行了，姑娘。这样的男人足以托付终身。

中年男人喜欢诉说自己的孤独
他诉说的不是孤独，而是情欲信号的诱饵
人到中年，男人因孤独而魅力横生

看起来有点孤独的男人

在我少女时代，极其喜欢黄药师。

觉得这样一个人无所不能，几乎是没有缺点了。即便是那点儿邪气，也决然是个性的标杆。《射雕英雄传》里横空出现这么一位帅气大叔，那叫一个另类。虽然那个年龄我并不懂他。但偶像不是用来懂的，膜拜即可。

直到后来有了这句流行语：不装，也是一种装。
大笑！
这才刚刚懂了黄药师。

怎么来看这个男人呢？
痴情不悔的丈夫，威严慈爱的父亲，儒雅细致的医生，风流倜傥的音乐家……你大可以任意 YY（意淫）各种款式的黄药师，总有一款适合你。

重要的是，黄药师是孤独的。

更重要的是，他刻意让你看到他的孤独。

孤独是一种折磨，不论喜怒哀乐都垒在内心，缺乏一个有效释放的出口。不是每一个人每一个时刻都能享受这种一个人的狂欢。

孤独又是一种吸引力，尤其对一个事业有成、家财不菲的中年熟男而言，充满了致命的诱惑力。即便不是为了吸引女人的倾慕，但这种孤独的美学呈现，成就了黄药师的魅力。

假如他不够孤独，那痴情会显得不够深刻，慈爱会显得平庸世俗，儒雅会显得过于刻意，风流难免会流于轻浮……恰恰他是孤独的，连专制和狡黠都变得容易被原谅。

后来的我，倒并不愿意把他那种形单影只的气质称之为孤独，男人的孤独常是一种空怀理想的郁郁不得志。未见他有远大的抱负，似乎已不想当武林盟主很多年。他亦不缺钱，其私人海岛别墅之豪华级别堪列射雕五高手之首。所以，我更愿称他是寂寞的。黄药师的内心，深藏着一个男人对中年危机的不适应感。他隐藏得很好，仅仅是气质中偶露马脚。

这也并不奇怪，女人是因爱的不满足而寂寞，男人是因性的不满足而寂寞。独居多年的黄岛主，似乎并不擅长与女人相处，独生的女儿都要闹至决裂。关于女人，他一直活在过去的回忆里，这点倒也蛮值得敬佩。

但越是缺爱的男人，性情越是容易走向极端。这点无可否认。

外表一副魏晋名士的散淡清姿，内里却有着强烈的规范性和控制力。

桃花岛的工作人员皆为哑奴，说是黄药师为人嫉恶如仇，在外见了作奸犯科的恶人，便把他们捉到桃花岛，弄成聋哑，充为仆役。——乍一看有点吓人：犯了罪的抓来致残+劳改，东海桃花岛活生生就是一个监狱！

为什么不是其他的惩罚方式？非要废其话语能力？

金庸先生说黄药师为人喜欢清净，厌恶吵闹。

说白了还是因为超强的控制欲。黄药师不喜欢不和谐的声音，他沉浸在自己营造的唯美空间，幻梦着自己的理想世界，不允许外人打破。以此来看，黄药师这个人跟民主不沾边儿，难怪他女儿要抛下这富贵福地离家出走。

太太冯蘅为了完成丈夫的霸主野心，死在一本《九阴真经》上。老婆死后，他开始了自己的驴友生涯，连女儿也难猜到他的行踪。其实黄药师，只适合过他一个人的日子。

这个人精彩就在于他的矛盾性。虽然不问世事，但黄药师并不出世，相反倒适合出仕。没人说他的钱都从哪儿来的，但桃花岛上金银不愁。他经营能力应该不错。甚至差点儿应允了把女儿嫁给老对头的侄子欧阳克，只因门当户对……黄药师有他现实的一面。

很多人谈出世，或许真该跟黄药师一样，得等到完成了原始积累之后，才可谈此话题。——你可以厌恶功名利禄，但清高，往往是富人阶层才能消费得起的奢侈品。

黄药师一直有他的精干。写黄蓉，是写黄药师的另一面侧影。

黄蓉姑娘聪明绝顶，但只是聪明，却不智慧。她有俗世的机巧，也有人性的狭隘。她可爱可亲，有时候也可气。看过《神雕侠侣》，难免伤心感慨"不死的晴雯就是赵姨娘，老了的黄蓉灵气变成了俗气"。这恰恰是黄蓉的不同之处。金庸写惯了女神，皆不食人间烟火。黄蓉是其笔下为数不多的女人。她很适合做老婆，尤其适合创业阶段的男人，能八面玲珑，通人情世故，人到中年也照样是精明美妇一枚。试想，若一个绝俗出尘的父亲，又如何带得出这般眉眼精干的女儿？！

他一直在刻意维持自己的神秘。使用哑奴，也是为了保持桃花岛上的秘密。至于桃花岛上有什么惊天秘密，至今我们也不得而知。但黄药师是个有着强烈美学需求的人。或者说，这个人自恋的成分更多。彻底袒露自己会让他没有安全感，他其实蛮享受做偶像的感觉。

黄药师离人性很近。野心、抱负、正气、虚荣、任性、专断、才华、能力……一样都不少。他不是绣花枕头，他有可狂妄的本钱。黄药师至少不是伪君子。

我依旧喜欢黄药师。

但喜欢和喜欢，不一样了。

成年男人只不过是长得比较大的男孩子
所以，他的任性，你要懂得

男人也是爱撒娇的大男孩

很多女人抱怨另一半坏脾气："挺大不小的人，跟小孩子一样！外面看起来那么成熟稳重，回到家里就开始闹脾气，一点点小事也咬着不算完。就是故意找碴！这是不是有外心的倾向？"

嗯，先别疑神疑鬼。男人的坏脾气，或许只是在撒娇。

比起女人，男人会更多地在家里撒娇。一个男人对另一半挑刺，未必是因为对她不满意，可能只是一种吸引关注的渴望。

撒娇可不仅仅是年轻男人的事，"老男人"似乎更钟爱此举。人到中年，健康状况日益下降，会让男人产生一种生理上的焦虑。表现在心理上，就是一种被关慰的需要。

但男人的撒娇又总是很有趣，他们通常不会像女人一样娇滴滴地扮俏，而是用一种找碴的方式来引起对方的关注。

男人常常会对妻子抱怨："我这么辛苦，你们到底知不知道感恩？！我这么累，就拿这样的饭菜、这样的态度回报我？！"

通常，大多数女人在面对男人如此之撒娇时，紧接着便跟上一句："你累？！我比你还累！你下了班回来就装大爷，我下了班还要做饭洗衣照顾孩子，今天咱们倒要讲讲清楚，到底是谁更辛苦！"

接下来就悲剧了。男人下次若还想撒娇，就再也不敢了。

其实男人潜在的语言不过就是："我这么辛苦，你更关心我一点儿好不好？"

社会给男人一个"强悍"的标签，从人性属性来看，男人、女人同样具有情感上被呵护的需求。女人可以随时随地地显示自己需要被保护的一面，男人不行。唯有特定的安全空间里，才能让男人毫无顾忌地卸下坚硬的伪装。

在社会中越是扮演着强有力角色的男人，在私人空间里，越是会肆意释放自己的孩子气。那些一事无成的男人，才不敢在家人面前展示软弱。从某种程度上讲，事业的成绩，给了男人撒娇的资本。

男人都是孩子，需要用一生来成长。或许，只有孤单才会逼他真正长大。肯像孩子一样在你面前撒娇，那其中满满的都是信任。虽然多半女人都喜欢成熟的男人，可男人看着越稳重，你们的心也就距离越远。当他在你面前已经丝毫不再孩子气，说明已不够爱你。

珍惜男人的孩子气，尤其是一个有责任感的男人，唯独在你面前的孩子气。哪怕带一点点任性、一点点挑剔、一点点不讲道理……不论已经多少岁，他需要的，仅仅只是，所爱的那个女人，对他心软。

因为无助，而寻求爱情
因为爱情，而变得无助

但凡慈悲的，都是因为爱情

有个词：患难情深。

经常用来形容爱侣间跋涉于困境时的不离不弃。常人想来，也是很感人的一幅画面。无依无靠的两只手，彼此搀扶，一份患难中的真情，最容易赚人眼泪。而当看到"陈世美与秦香莲"之类的故事时，都会忍不住一声指骂："良心何在？！"

但人性如此，善恶兼具永远是佛、魔间的一个中立姿态。从最真实的人性角度看：但凡患难时结成的爱人，未必能够依靠到老。即便外人面前百倍恩爱，私底下也一定有些苦楚不足为外人道。

理性地想一想：在人生最艰难的时候，爱上一个人，并不是多难的事。人越无助，越渴望寻求依赖，若此时恰有一人伸出橄榄枝，谁都会像饿急的鸟儿一样紧衔住不放。——这时人在感情中，最需要的不是相爱，而是陪伴。

那些一旦富贵便开始张罗着"换人"的伴侣，多半是当初在艰难之中走到一起的。人微身贱之时，都会说服自己要"妥协"，哪怕不是自己最中意的对象，起码身边有个人陪着的感觉，胜过一个人孤单地行走。

小时候，人虽小，心却大，大到能装下全世界；长大后，人虽大，心却越来越小，小到只挤得下自己。人性如此。而这颗原本已经不够大的心，唯有在遇到真正能征服你的人时，才肯分一半让对方来一起挤挤。

每个人都有狠心绝情的一面，只要不爱你，就会让你看到。

这就是感情的世界，自成一派的现实生态。爱情的疆域中，其实没有所谓的"慈悲"，但凡慈悲的，只是因为爱着。

有些朋友，悲伤地问我："深深爱着的人，如今已不再爱我。如何才能留住他（她）？"

不爱你的人，从来就不该挽留。纵然你陪他走过最艰难的曾经。

不怪女孩越来越现实，拼了命寻找优质现货男。太多人没耐心陪一个平凡男人从头走起。好多男孩因此抱怨。我却常问他们："你是真的爱她，还是以现在的条件看，只能爱她？"

人性，都有自我保护的一面。

大道理已无须多言。

一个人，肯在春风得意的时候爱你，是真的爱你。

伤痛面前，你在干什么
不同人有不同的做法
能靠毅力走过"伤痛"的，才值得拥有优于曾经的幸福

他为什么会出轨?

我曾说，生活用"伤痛"教会你"幸福"，又用"失去"教会你"珍惜"。从未被生活亏待过的人，难免会亏待别人。满身是伤的人，才能长成宽厚的心。两个残缺的生命彼此取暖，才是真正可长久的"在一起"!

写下这段话时竟很激昂，心里热乎乎的满是正能量。可不久后一位读者的来访，给了我迎头一盆冷水!

她是一位妻子：上小学的女儿因一次事故意外身亡，夫妻二人几近崩溃。原本这是最需互相扶持的时候，她却发现，丈夫出轨了。竟然就在女儿离世后不久。女人无法理解这共同生活了十多年的男人怎会如此之不堪!

问她："他这是第一次出轨吧?"

"是第一次。可就发生在这种时候!"

"也许，正是这种时候，才容易发生这种事情。"

一个人处在极度悲痛的时候，是最容易开始一段感情的时候。

在极端的悲痛情绪之下，人往往会陷入某种瘾症。毒品或性，最容易成为人摆脱痛苦的一种依赖。很多人在遭逢变故之后，会来一次大转性，外人看来这是自暴自弃，实则这是悲痛状态下一种渴望寻求麻醉的需求！

无论是毒品还是性，总能使人一瞬间地忘我，伤痛被抛诸脑后。尤其男人，爱借用"性"来宣泄悲伤，这似乎更像是一种对伤痛的证明：证明自己并未彻底被击倒！

常常这个时候发生的感情，形态很微妙，它在短期内使人产生极强的依赖性，甚至在某些人身上会表现出一种非理性状态的不管不顾。此时，人有多疯狂，伤就有多痛苦！但这样的一份感情，结局多半也是不妙。

就像一个病人，病痛之际离不开药物的作用。病好之后，又有哪个人，真正会爱上药？

于是才会有"救命稻草"一说，一旦上岸，稻草便失去了价值。这种极度伤痛之下的感情，并非是一种清澈的爱，而更像是一个人与自己的战争。

回到这个案例中即是如此：夫妻共同经历丧女之痛，相对间，是共同的悲伤。此时选择逃离这个女人，更像是在逃离伤痛。

"并非是他觉得在感情上那个女人取代了你。或许只是他需要这样一种形式，来攻克痛苦！"

你可以说男人自私和无责。

但不得不直面的人性，就是这么复杂。

稍稍远一点，恰恰是靠近了
近得全无缝隙时，恰恰是疏远的开始
爱情的距离，就这么诡异

你懂不懂他的忽冷忽热？

再近的两个人，也有距离。就如拥抱时，两颗心仍分属左右。

不管你承不承认，距离，是恋爱中最值得悉心经营的东西。

很多人的爱情，并非死于爱的消失，而是死于爱法的错位：给了对方你认为最好的一切，却忘了问这是不是他真正需要的。——这才是爱情之中，最深的悲剧。

有位熟女分手后来找我倾诉："我们终于不得不放手，因为实在不知如何往下爱了。我认为珍贵的感情是'时时刻刻的陪伴''不离不弃的跟随'，他认为感情的珍贵在于'两个人只有不缠、不黏，才不烦'。我们都把自认为最好的感情给予彼此，结果疼痛啊，忍不下去啊。我们是有爱的，可还是不得不分开。"

相信你也见过类似的情侣：一天 N 遍电话，短信晚回复两分钟便大发雷霆，节假日所有的时间必须全部奉献给彼此……

很多爱，就这样一天天看着它死去，不是死在两个人过于疏远，而是死于两个人过分紧密的厮缠。最终杀死爱情的，是距离靠得太近。

很多女人都头疼于男人的忽冷忽热，今朝还是恩爱非常，明天忽然不理不睬，等你心生怨气要与他一刀两断，他忽然又殷勤而来……冤家！可该拿你如何是好！

男人都有"穴居期"，他需要用独处来整理自己杂乱的思绪；女人渴望密集的陪伴，男人需要的则是有质量的陪伴。女人不论心情是好是坏，都需要身边有人分享；男人低落的心潮之下，却只想把自己关起来，静静沉淀、慢慢舔舐。男人总有情绪上的"那几天"，或许会突然在激情过后冷落疏远，因为男人通常对密度极高的感情抱有一种恐惧心态，害怕因为爱而被牵制在一个狭小的空间，但是没关系，当他经过一个人的短短"穴居"，孤单感重新占领高地时，又会掉转头对着你重新热络起来。

所以聪明的女人都有自己的世界，她可以结伴，也可以独处，如果只擅长某一种生活状态，感情也就如一朵窒息的花，艳丽不久。

常常在想：真正好的爱情，需要一点点退后。当你退后，保持一定的空间，才能完整地欣赏爱情的全貌。

可太多人却以为，只有将要退出时，才会退后。当一个人开始玩起了"空间战"，一定是生外心、有二意，接下来，是新一轮的战争！

感情折磨的源头，都是因为靠得实在太近。当你距离一样东西太近，是看不清任何东西的，这就是盲点。每段爱情都有盲点，当彼此距离太近，它就会出现。

我一直敬仰这样一种爱情：彼此依赖，却不纠缠。一路同行地走去，始终有微微的距离。那是可以让彼此牵起手的距离。

不过分地厮缠，甚至略显得有些疏远。

可却是在用能让他舒适的方式爱他。

恋爱时，嘴巴最忙碌
要么忙着倾诉，要么忙着接吻

他的吻是不是真心?

接吻时，你的脑袋偏向哪里？

有人要说了："还能偏向哪里？！不是左边就是右边！"

真诚投入感情接吻的人，通常头部是偏向右侧的，如果是左侧，那是对接吻对象的热情程度不高。——这一项，左撇子也同样适用。

这种热情接吻时头部不自觉右偏的习惯，来源于胎儿期在母体最后几星期的习惯，那时的胎儿喜欢把头右偏。接吻时头部向右，左侧脸会显露，而人的左脸是由支配内在情感的右脑半球控制。头部向右的热吻，会更真情。

轻轻的一个吻，学问还真不小。

吻这件事，人之一生都离不了。关于"接吻"，男人与女人的态度大不相同。

吻，给予了女人无限浪漫的想象空间。大多数时候，女人心日中的吻就是吻，是一种表达爱意和思念的方式，并不与"性"产生直接联系。如果一个男人，没有在吻一个女人时直接拉她上床，女人心里就完全认定他是这个时代难能可贵的正人君子了！

因为男人对接吻这件事本身并不真的感兴趣，他们的吻，落在女人的唇间、发间，其目的地还是在床上。——往往一个男人还未在身体上占有一个女人时，才会热衷于接吻。真正走到了"床"的这一步，他会觉得，吻不吻，已没那么重要。

男人对于吻的热情，与他们对于女人的占有度有直接关系，越是完全占有的，越是缺乏吻的兴趣。所以女人才要尽力拉长走向那张床的时间，本质上看，女人更爱感情中纯粹精神互动的那个阶段。

同时，女人通常不愿意在接吻时占主导地位。她们渴望男人突如其来略带霸道的吻，可见两性关系中，再强势的女人，也渴望回归柔软娇弱的一面。

那一吻，并非只是唇间的礼仪，更是一种心灵的滋养。

每天上班前亲吻爱人的男性寿命更长，出车祸的概率较低，收入还会比其他人多20%～30%。

大概是因为，当一个男人，真正懂得了用"吻"来表达爱，而非只是用"吻"来索取性，此时，业已熟润圆融，生活的节奏都在他掌控中，还能如何不从容？！

青涩的男生，追到女孩并不难，但真正征服女孩却不易。也许，真该从一个"吻"开始学起。

感情好的时候，大钱也是小事
感情不好的时候，小钱也是大事
要真能遇到一段钱都打不败的感情，就千万别撒手了

他把钱放在哪里？

《色戒》中，王佳芝将易先生放走。

换作你，会不会放他走？

多半女人会沉默……

王佳芝，并非一个特例。

男人说女人拜金。爱钱，似乎成了这个时代女人撕不掉的标签。是女人总想过得好，谁也不会否认。但女人确实会为"钱"做傻事。

易先生送上的一颗"鸽子蛋"，让王佳芝甘愿送了命。女人一开始，都说是爱钱，最终，好些爱钱的女人，付出的反倒最多。女人哪，有时就是这么斤斤计较，用钱来评判男人的爱，然后计算着自己可以回报多少爱。有时候很能理解那些节日任性要礼物的女孩，看起来是那么不懂事，作为同样是那个年纪过来的我，也知道，任性要来的礼物，终于捧在手上

时，一定会心疼：情人节的花多贵啊，干吗非要这么大一把！这件风衣的颜色爆到不敢穿上街，非要他花这些钱买来干吗！

可在那个"买"与"不买"的当口儿，女人却必须扮演义无反顾的斗士。一段感情，若丝毫上升不到金钱的层面，哪还有什么将来可言？！

爱情绝不是不食人间烟火。恋爱谈着谈着女人就会明白：男人说一百句"我爱你"，不如一句"我养你"。

这话听起来是有点俗，但男人对女人的责任，首先体现在物质上的付出。情话再动听，爱情终究要落实到穿衣吃饭。

尤其是男人，社会对男人最直接的评价，就是"钱"。你有钱，你就成功。一无所有的男人，又有几个人真心地敬重？！再不缺钱的女人，也会在钱的问题上有过焦躁不安。女人都知道：男人的钱放在哪里，他的选择就在哪里。

最牢固的感情，不是心灵的交接，而是物质的捆绑。这样的话听起来可真势利，可走出门去看看，九成九的感情关系，又不幸被此言中。钱，不等同于爱。钱，却能帮你看懂一个人的爱。男人不肯为你花钱，不见得是他不爱你，或许，只是没打算跟你有未来。

虽不鼓励女孩拜金，但也常常跟姐妹分享一观点："在钱财上过于算计的男人不能嫁。"

对身边女人太算计的男人，内心都有三分毒。有情饮水饱，那是梦想。日子过到最后，跟爱情早没了关系，大气的男人起码能让生活更舒服。甭管他有多少钱，花在你身上的永远比花在他自己身上的多一点，这就是好男人。

既然说到这儿，也有姑娘跟我说："舍得给我花钱的男人就一定爱我是不是？"

没钱的男人，会为你花尽可能多的钱，来证明他爱你。有钱的男人，会用尽可能多的陪伴，来证明他爱你。爱，就是甘愿把最珍贵的给你。钱和时间，是男人最珍惜的两样东西。如果一样都不肯给你……如此廉价的爱情，还是别犯贱了！

可就是好多清高的恋人，分得那么清楚：你的是你的，我的是我的。

喂，你们不知道这是短命爱情的征兆吗？

如果，你的，没有成为过我的，我的，也没有成为过你的，也就注定你我不过是过客。因为，我们不曾有什么东西留在彼此那里，所以将来说到离开，也就越发轻松、了无挂碍。

多年之后想想看，你们之间并没有什么牵扯，感情或是钱。——这样的一段关系，其实多失败。

礼物折射男人最隐秘的心理
或许他送的那些东西在你看来有些莫名其妙
但爱上一个女人，男人总会用独有的方式，把她变成专属于自己的女人

最好的礼物，是一个人的真心

有些爱人间，会因礼物的事情吵起来。

比如，有些男人并不真的喜欢送礼物。有些人是因为对钱财的小气，多数人是因为真的怕麻烦。

男人真的对购物没兴趣，尤其对购买女人的物品，隐隐中又含着那么一分不好意思。如果你是一个大男人，站在女士用品的柜台前，向售货小姐询问着"不胖不瘦的女人穿这件红色的好，还是那件蓝色的好"——那场景，也确实尴尬得有趣。

有女人抱怨说："瞧他送的东西，各种不合时宜。衣服剪裁太老气，包包款式太过时，彩妆的颜色根本不衬我的肤色！这些东西买来全是废物！"

却不知，男人愿意用心为女人挑选礼物，甚至挑一些令女人觉得无厘

头的礼物，只说明他是真的对你们的关系认了真。当男人愿意把自己的喜好加之在女人身上，这是他全面接纳一个女人的表现。

　　只是在这个层面上，女人常常误读男人的礼物。可能没有女人不喜欢鲜花、钻石。可这些，真的不是用心的礼物。它们照不出一个男人的真心，它们只是男人用来征服女人的手段。往往男人对那些吸引自己，却还不够了解的异性，最喜欢送她们这些。其实想想看，送这些东西，不是最简单吗？

　　很多女人，以礼物的贵贱来评判男人爱的深浅。我想，这只适用于一部分男人。另有大部分的大众化男人，没有强大的财力支撑。那就要看他送的礼物，是不是用心的。即便不是你所喜欢的，那又怎样？！

　　一个男人，每份礼物都能送到女人的心坎儿里，除了证明他在其他女人那里受过良好的训练之外，还能说明些什么呢？

　　爱人之间，最好的礼物，是一个人的真心。

男人总没空，女人会伤心
男人总有空，女人更伤神

他会多久回复你信息

女人常用男人回复信息的速度来评判他爱的深度。

一条信息发过去：

十分钟以后才回复的男人，会让女人对着手机撇撇嘴："好吧……"

一小时以后才回复的男人，会让女人对着天空开始咽眼泪："他越来越不在乎我了……"

三小时以后才回复的男人，则让女人内心如万马奔踩过的一片狼藉："他是不是有新欢了？那个女人会是谁？我该不该主动跟他提分手？"

…………

男人也委屈得火冒三丈："我是真的忙，真的没顾上回复好不好？！"

常常问一些有类似抱怨的女孩："如果你一条信息发过去，他半分钟之内回复回来，你什么感受？"

　　"当然是幸福啦！"

　　"为什么会是幸福的感受？"

　　"因为他关注我呀！"

　　"如果是在一天二十四小时的任何时间呢？包括工作时间内。"

　　通常，面对这个问题，三分之一的女孩会坚持认为"仍然很幸福"，另三分之一会陷入沉思状，还有三分之一则自言自语："是啊，会不会有点没有上进心啊？"

　　如果是在工作时间内，你的短信、微信他基本都保持秒回的速度，你想想看，他的一天八小时都在干些什么呢？八小时的分内工作，对成年人而言是责任，在该尽责任的时候走神开小差，其实是自我管理能力的缺失。

　　女人对男人的要求，前两年是够缠她、够黏她，等到下定决心和他共赴未来时，她的关注点开始变了，她宁愿他把缠她、黏她的时间分出一点来，拿去做些正经事情，比如，想想如何能更快地升职加薪。

　　所以在我们的周围，那些一心扑在工作上因而忽略了女友的男人，虽然女人恨着骂着，却丝毫没有动摇想嫁他的信心。那些天天绕着她打转转却没一点儿心思工作的男人，她纵然被哄着被宠着，但心里无时无刻不在考虑："我真的可以嫁给他吗？"

　　女人对待恋爱都是感性的，但不妨碍她面对婚姻时的理性。——结婚时，多半女人会选择社会评价更高的男人，而非仅仅自我感受更愉悦的男人。

女人嫁人都是为了找到一生的幸福，可长远的幸福，一定跟关心、耐心、责任心分不开关系。男人的嘘寒问暖时时挂怀固然是让人心里暖和的，可光有这些，在柴米油盐刁难你时，你同样会不开心。——日子过到后来，拼的总是一些实实在在，在现实生活中避谈现实，又何尝不是骨灰级的幼稚！

想把一个散漫男塑造成优质股，这很难。想让一个优质男生长出一点点浪漫，难度级别要低一些。男人火热的爱恋让女人享受一阵子，但有力的肩膀才让女人依靠一辈子。

忽见陌头杨柳色，悔叫夫婿觅封侯。

纵然是这道理，但现实中，贫贱夫妻百事哀，尽人皆有。

男人了解男人，所以不喜欢女友有男闺蜜

男闺蜜的微妙之处在于，可以名正言顺地与你无限接近

你和男闺蜜的那条界限

有朋友问："情人、蓝颜、男闺蜜，三者如何界定？"

我说："男闺蜜不会在肉体上惦记你，但蓝颜会，只是一直忍着。忍住了就是蓝颜，没忍住就是情人。"

当然对大多数女人来说，情人当然不能有，蓝颜知己也有碰线的危险，男闺蜜，有两个无妨。很多姑娘现在把男闺蜜视作名牌包包一样，是流行的硬指标。对男朋友而言，与男闺蜜却始终是天敌。

男闺蜜们一直尴尬。

在女人眼里，男闺蜜是闺中密友，是没有性别概念的人；在男人眼里，男闺蜜则是预备男友，只是因时机还未成熟，所以还没走到一起而已。网上流传这么一种说法，用男人的视角解读异性之间的闺蜜情：女人用友情拒绝爱情，所以女人不喜欢一个男人时会说"咱们还是做朋友

吧"，但男人用友情换取爱情，所以男人被拒绝后通常会说："咱们可不可以做朋友？"女人的男闺蜜往往被定义为完全不可能发展成恋人的男人，男人的女闺蜜则被定义成候补女朋友。如果男友反对你有男闺蜜，不是他小心眼儿，而是他太清楚男人是怎么想的了。

其实有男闺蜜的女人大体分为两类。

在原生家庭中，跟男性亲属关系比较亲密的女生比较容易有男闺蜜，那些跟叔叔、舅舅、哥哥、弟弟关系特铁的女孩长大后也一定会有更多男性朋友，因为她更擅长与男性之间的交往。

另一类则是从小跟女性家庭成员搞不好关系的女孩，比如跟妈妈关系不好，跟姐妹关系不好，那她就会去男性阵营里寻求更多的有力支持，男闺蜜就很容易出现在她的生活中了。

时代确实不同了，有男闺蜜没关系，如何让老公和男闺蜜处好关系，这才是问题的关键。

在男闺蜜的问题上，不要隐瞒。跟男闺蜜在一起的时候要跟老公报备清楚，去哪儿、干什么了，别觉得那是我的私事儿，说不说是我的自由。夫妻之间私事儿太多，也准得坏事儿。

对女人们而言，不光要有男闺蜜，还得有女闺蜜。有些老公能够容忍老婆的男闺蜜，有些老公就不行。原因是有的女人闺蜜一大堆，有男有女，每次都是集体行动。但有的女人只有男闺蜜没有女闺蜜，每次还都是跟男闺蜜单独行动，你说这能不让人误会？想让老公不吃醋，也得拓展交友圈子，男性和女性不同角度的友情，其实对咱们来讲是一种更丰富的享受。你要非说我只会跟男性朋友相处，跟女性朋友就是处不来，那就说明咱自己身上也有需要调整的东西。

最好隔一段时间就把老公带上，和男闺蜜一起聚个会。如果老公跟男闺蜜熟悉了，彼此的猜忌和误会当然就会少很多。让老公了解男闺蜜的人品，让他看看其实咱和男闺蜜之间都是光明正大的，这样的异性友情才能走得更长久。

…………

有位男闺蜜说他最爱的是粽子一样的女人，他的女闺蜜就疑惑了："粽子包那么严实，你喜欢什么啊？"

男闺蜜说："这你就不懂了。粽子虽然包得严实，但只要解开那根绳子就等于通关了。"

话越想越有味道。或许异性闺蜜就如同这根包粽子的绳子，看似包裹严密，其实攻陷起来也最容易。怎样才能把这份异性闺蜜情保持长久，就得看"无欲无求"四个字你们能做到何种境界了。

哪个男人都有暖的一面
女人的福气在于，他的那面阳光，恰好照到了你的身上

暖男如何变成了冷男

　　要说现在最流行什么款男人，大概很多女人脱口而出就是两个字——暖男。

　　要说这暖男可不是什么人都当得了的。他们得像和煦阳光那样，能给人温暖、细致体贴、能顾家会做饭，还得疼爱和理解自己的女人，长相得干净清秀，打扮得舒适得体……听到这些词儿，不知你此刻脑海里想到了哪位偶像剧男主角。

　　所以女孩们才感慨：这年头，高富帅容易遇到，货真价实的暖男可真是不好找。

　　说到"暖男"，其实也不是什么稀有人群，大概每个男人在追女孩的时候也都暖过。刚追你的时候，恨不能一天24小时尾随身后给你当跟班，那会儿让你完全有一种西太后老佛爷的感觉。不过结了婚你再看，太后改

宫女了，人家篡位夺权君临天下了！

经常有很多女人抱怨老公婚前婚后变化之大：

"婚前他在餐厅等我，婚后我在客厅等他。"

"婚前的男人很幽默，婚后的男人很沉默。"

"婚前对我甜言蜜语，婚后对我冷言冷语。"

"婚前总是含情脉脉地对咱说'宝贝，你真美'，婚后总是斜着眼角看着咱说'你看你这张脸哪，整个一黄脸婆'。"

…………

无数正在经历感情平淡期的女人会说："他变心了。当初的细心暖男，变成了冷酷大叔了！"

也未必是男人变了。或许是随着时间的延展，他越来越回归到真实的自己了。所以我们就得来细心地挑选，什么是暖男，什么又是伪暖男。

看一个男人是不是真正的暖男，不光要看他对你怎么样，还要看他对周围的朋友、家人够不够细心。有很多男人在喜欢的女生面前细致、体贴堪比"三温暖"，可到了父母亲人面前整个一无法无天的混世魔王。这样的男人就得小心了，他的"暖男"外表有可能只是一种达成目的的手段。很多女人会说"他对全世界坏没关系，只要对我一个人好就行"，这种想法是危险的，在荷尔蒙的驱使下，谁都可以绅士，当感情进入了平淡期，那他变脸的速度就很快了。

另外，一个真正的暖男，也一定不会对所有的女人都体贴有加，他跟大众情人有着本质的区别。韩剧《来自星星的你》里男二号李辉京之所以被称为最称职的暖男代言人，就是因为人家从小就死磕千颂伊，哪怕世美同学百般引诱，眼里就丝毫没她这个人。一个真正的暖男，对自己的女人一定是体贴的，对其他女人必然是冷漠的，乃至是冷酷无情的！称职暖男的口号就是：温暖我的女人，让别的女人痛哭流涕去吧！

…………

这样的男人，才是值得女人托付终身的那个人。

不过说到今天这个话题，还是提醒女孩们要理性对待。一提到暖男，很多姑娘会举出若干的明星案例：比如，林青霞的老公邢李源会打个飞的去给老婆送饭；人家周迅的老公高圣远会拿个干浴巾站在摄像机后边随时伺候着老婆拍戏；陈红的老公陈凯歌会提醒刚刚洗完澡的老婆，"红红，搽点儿油，穿上袜子"。

但是，停！别瞎想了！问问自己：咱是影后吗？咱有那么倾国倾城吗？

婚姻之所以改变了男人，是因为首先女人改变了自己。当你越来越忽略自己，变得邋遢、粗糙、懒惰，你想男人还会愿意无怨无悔做你的小太阳吗？男人女人都一样，咱想要一个暖男，他们也想要一个暖姑娘。彼此温暖，这样的感情才长久。

如果一段恋情让你一疼再疼，不如就算了吧
你不是救苦救难的女超人，懂得心疼自己，才是归宿

如果你爱的男人不够爱你

看一个人是否爱你，要看他为你舍弃了什么。

明白了这一点，忽而开始心疼自己，那些年我们为爱做了多少傻事。

男人总会跟你说"我爱你"。

这实在是女人最容易相信的一句话。可想想那些说着"我爱你"的男人，到底为你做了些什么，你会知道这句话背后的分量。

一个真正爱你的男人，不会忍心让你枯等四五个小时，却不肯提前结束跟朋友的聚会。虽然他一定会说"男人的应酬，是为了生活"，可绝不是一个男人提早结束应酬回去陪爱人，就一定会被生活逼得活不下去。

一个真正爱你的男人，不会说着"心疼你"，却每天都让你赶一个多小时车程的远路去看他。不论他是什么理由，只要不是身体残疾、行动不便，这就是不够爱的表现。

…………

不肯舍弃上网的时间、会朋友的时间、喝酒泡吧的时间……却每每在你委屈时信誓旦旦地说："这世上不会有谁比我更爱你！"

这话还是别信了。

爱，一定意味着妥协。不肯妥协的爱，不过只是自爱。在他们心里，确实是爱你，你不在的时候，他是真的会想你。但那些想念，并不足以厚重到让他放弃手边一些能让自己舒服的东西。

爱情，是一件用"美好东西"来交换"美好东西"的事情。不肯舍弃自己拥有的一些东西，也就不配得到最好的爱情。

爱情之所以越来越飘摇，恰恰在于每个人都对自己已得的利益紧抓着不肯放松。——因为太爱自己，渐渐丧失了爱别人的能力。

后来才明白，如果遇上的人不够爱你，那是上天在教你如何爱自己。别再抱怨命运凄惨，其实也没人逼着你去付出。

我们都为爱情疯狂过，眼泪证明曾经受过的伤。

时光渐渐让我们读懂了爱情的真貌。

我们早过了为爱情不顾一切的年纪，那些口说无凭的爱恋，也不过是听听而已。

与你一生完满有关的99个关键词

关于从容

时间总会留下一些礼物，最好的一种便是"从容"。曾经那些大哭大笑，回头看来也已平淡无奇。于是才发现，处变不惊，真是个令人又爱又恨的词语，它与青春无关，却如此令人心向往之……

关于聪明与快乐

聪明和快乐，往往成反比。聪明常和孤独为伴，当你懂了很多别人不懂的事情又无人能分享时，不快乐就来找你了。世上有太多睿智的哀客，却发现，做一个快乐的庸人，或许是上天给予人类的最大福分。

关于悲伤与快乐

悲伤，也是快乐的一部分。生活如果没有了眼泪，那些欢笑也就不会显得弥足珍贵。我们对于爱情热切的渴望，都是为了留住内心一种蓬勃的气象。当有一天，你再不会为某个人哭泣，其实快乐也就少了很多……

女人越独立，
活得越高级

关于最爱与最决绝

最爱你的人，往往离开的时候最决绝。爱和尊严紧紧捆绑，用死缠烂打去挽留的，更多的是一种好胜心。真正深切的爱情，会让人要强到宁肯独自伤悲、也不愿破坏掉曾经那些高贵的记忆……

关于幸福与快乐

当被问到"你幸福吗"的时候，很多人却答"我很快乐"。是啊，幸福和快乐，不是一个概念。快乐是一种心情，幸福是一种心境。很多人都能给你快乐的感受，却唯有那个你心甘情愿为之付出的人，才会给你幸福的感受……

关于原谅

真正的原谅，不是删除记忆，而是可以接纳那些"曾经"安稳地生活在你的记忆里。感情中真正的"放下"，不是多年后可以微笑着说一句"没关系"，而是曾经的那些"对不起"，早已轻得让你终于想不起……

关于真实的你

我们越来越不会做真正的自己。职场、交际、恋爱，我们总是试图变成更出众的某个人，那些不堪重负，由此而来。或许每个人都可以试着不再伪装、不再掩藏，真正对的人，会喜欢真实的你。

关于擦肩

我们都曾为那年的青春哭泣，后来想起，就笑了。最残忍不过时间，本以为刻骨铭心的故事，就在念念不忘间，渐渐遗忘。那些大悲大喜的际遇，最后想来，也只是：彼此经过，各自向前……

关于强大

人最强大的时候，不是坚持的时候，而是放下的时候。当你选择腾空双手，还有谁能从你手中夺走什么！多少人在哀叹命运无可奈何之际，却忘了世上最强悍的三个字是：不在乎。

关于优秀

未必所有人都喜欢与优秀的人为伍，但所有人都喜欢与那些能让自己变得更优秀的人在一起。真正好的情谊，会帮你变成更好的自己。任何一种感情关系中，都不要总是嘲讽对方的缺点。否则，渐渐地这会让对方开始怀疑，你是否有存在的必要……

关于炽爱与疏远

最相爱的两个人，有时反而看起来最生疏。人性很奇怪，对一份爱渴望得太久太深，反倒变得退缩。越是在乎的东西，越容易用"不在乎"的态度来掩盖自己的胆怯。彼此就这样把"假面"当成了"真心"。多少有情人，因此没能在一起。

关于女人这所学校

好女人是所学校，却总让男人想要逃学。坏女人也是所学校，而且是迫使男人成长的速成班。好女人未必能牢牢抓住男人的心，真正能珍惜好女人的男人，多半是在坏女人那里跌过跤的。

关于中途走散的爱人

曾经牵手，却未走到最后。想来这是多么让人心疼的一件事。原来生命中的许多人，会突如其来地出现，教会你某个人生的真谛，从此又消失不见。爱情之所以短暂，是为了教会我们"珍惜"。

关于外貌

研究发现：人相貌的长成，25%来自先天遗传，75%来自后天行为。所以林肯说："三十岁后，人得为自己的相貌负责。"丑陋，是内心长出的戾气。当一个人拥有了优雅华丽的内心，不论五官如何，都美得迷人。真正的美丽，是一种由内而外的气场！

关于沉默的喜欢

有一种喜欢，只适合远远地看着，对于那人的幸福、苦痛，只做一个沉默的观众。对于感情而言，或许，越遥远的越能够长久。一生有很多东西，得到就忘记。最终陪你走到记忆终点的，却是那些差一点得到却始终未曾得到的……

关于虚荣

女人爱锦衣华服，男人爱名利地位。确实，这是一种虚荣。可为此，人拥有了上进的动力。虚荣，也是一种能量！// 多少人羞于启齿自己的物质欲望，虚荣，却恰恰是人性中最真实的一部分。做人只要不装，虚荣一点也是可爱。

关于爱和喜欢

当同时面对两段情，那个人说"我是爱你，只是喜欢 TA"时，就已经证明不爱你了。爱是心里窄得挤不下其他任何东西。真正的爱，无法和喜欢共同存在。恋人的小心眼儿，仅仅是难以同时装得下喜欢和爱。仅此而已。

人情世故是平凡人的安全带，只要遵守，就不会被社会抛弃。

唯有天才例外，他们本身就不是一张常理中的牌。

在成功者的圈子里，我无比欣赏那些"不会做人的人"，

一个人有多天才，才敢无视他人的规则！

当然，我说的是"天才"。

至于非天才的我们，还是先看看接下来这些吧。

心机也好，世故也罢。

但愿你用不上，而真要用的时候，不能没有。

Chapter 4

张弛有度地去生活

你不先活着，永远享受不到生活
你不先忍着，也就很难引来成功

适当地隐忍，以退为进

第一份工作在韩企，在最繁忙的市场部，负责大型活动策划担当。开会、主持、巡店、筹备活动……加班更好比是每晚夜宵供应，从不间断。每天早晨醒来，加足马力冲往三环路上追赶班车，上车后颠得迷迷糊糊还硬要把自己从睡神那里拽回来，然后想想今天这一天，哪些事情必须干。

那会儿公司柜子里常年备着牙膏、牙刷、洗面奶和全套化妆品，每晚十点后才下班，回到住处已近十二点，早上六点半必须起床赶班车，晚五分钟它就毫不留情地开走了。就这样蓬头垢面奔到公司，一看表，不到八点半，长舒一口气，今儿这五十块钱算是保住了！迟到一分钟扣五十块，对十几年前一个刚毕业的小丫头而言，还是肉疼得很。我们一帮子每早都睡不醒的年轻小员工，把梳洗化妆的行头全搬到了公司里，洗漱完毕，再在休息室里仔仔细细把妆化好。

韩国企业文化就是这点有趣，要求女孩子上班不能穿牛仔裤、不能披散头发，还必得化淡妆，不论起多早，化妆似乎是比早饭更重要的大事！

　　多年以后，应韩国外交部和文化部的邀请，数次赴韩访问，韩方安排的行程亦是如此，每天早上距活动开始前两个小时就开始 morning call，团里有成员暗暗抱怨："这么早叫我们起来干吗？！"结果倒是韩方的接待人员十分诧异："咦，你们女孩子不就是要每天早上起来洗澡、洗头发、做头发、化妆、吃早饭……这些事情至少要两个小时的时间吧？"我揶揄道："您说的那是韩国姑娘，我们有十分钟就够了！"话虽如此，这样的作息节奏我还是极容易适应，直到现在也一样，在有工作的情况下，不论早上几点，一概会上好闹钟，早起，化妆，再根据时间是否富裕塞两口吃的。不得不承认，把自己收拾利落再出门，这个习惯，十多年前韩国人已经给我培养得相当深刻。

　　初入职场，青涩稚嫩难免，即便已经尽到最大努力，仍要隔三岔五挨一顿上司的训骂。也是多年后读了一些管理类书籍才明白：这叫压力式管理，让员工时刻保持压力，也是激发动力的途径。但我并不懂得，常常委屈得哭花了妆，回到家愤愤地对着折叠灯大声嚷："凭什么这么挑剔我？！搁你身上你就能干得好吗？！"

　　发泄完一刻不敢耽误，迅速睡觉，眼泪儿还挂在腮边，就已进入到梦乡里了。——明早六点半，闹钟照常蓄势待发！

　　后来的我一直十分感谢这段经历，走过这一段，之后再累的工作、再多的责难，似乎都可以轻松应对了。针尖儿上走过来的脚丫子，再走平地，如踏锦毯。

　　有次跟韩国一位外交官先生聊起曾经那段韩企经历："那会儿你们韩

国可真够大男子主义啊，比如开会时要是缺两个座位，站着的一定得是女孩子。"他风趣地笑着说："现在可不同了，我们男士站着了！"

回头看看，都变了。

不过我仍相信，如今我越来越被尊重，时代发展带来的观念进步，只是一小部分动因。更多的，是自己用努力和坚忍挣来的！

如今每每去高校讲座，会被年轻的学弟学妹们问到自己一路走来的职场心得，即将与社会接轨的他们迫切需要了解自己未来的职场生涯将如何应对。

有时候我会转文词儿："忍，而后发！"

但多数时候我直截了当告诉他们："先装孙子，再当老子！"

话简单，却实在。

总听到周围一些在高校任教的朋友们诉苦，如今的学生不敢批评，轻不得重不得。尤其最近几起小学生因被老师批评而留遗书自杀的事件，更让大家不敢碰触学生敏感脆弱的自尊心。放眼其他领域也一样，听一老总抱怨员工难招："好些年轻孩子，离家远不行，工资低不行，公司环境不温暖不行……我这是招员工啊还是招亲爹啊！"

这十来年老提倡鼓励式教育，说"好孩子都是夸出来的"。其实这话特别骗人。真走上社会你试试，没点儿特殊的背景、妖娆的背影，有多少人肯夸着你捧着你？

当有一天周围全是赞美声的时候，那一定是你的实力已经强大到让他们不敢不奉承了（当然，背后骂你的还是不会少）。

其实总结一下不难发现，社会里混得好的通常是三类人：要么出身好，有背景，从小就一身骄范儿，谁的账都不买，不怕得罪人也没少得罪人，自恃好出身也不怕对头来寻仇。出身不好的有一类是扮猪吃老虎，倒也是踏实肯干一脸憨厚走励志路线，这是屌丝逆袭的偶像，没人骂他。再一类则无所谓出身背景如何，可能小康家庭，从小淘气，扎在人堆儿里属中不溜的，家长、老师不会狠管也不会狠赞，反倒能让其自由生长，发挥潜能，日后机缘巧合下则华丽变身。所以曾经一则调查显示，班里第10～20名的学生日后成功的概率反而更大。名列前茅的学生背负着太多期望和关注，不敢轻举妄动，不敢出格也就难有突破。经常被赞美的人，最害怕失去被赞美的资格，那种心理落差不是普通人能承受的。

每个人都知道物竞天择。什么叫适者生存？不是比赛吃蜜糖，吃不吐的就是大王。那得是关汉卿的那粒铜豌豆，砸不烂、捶不扁、炒不爆，丢到荒野地里还能活着回来。

很多特年轻的弟弟妹妹跟我聊理想，一脸的傲然不羁。

我总会想到自己几乎将要熬不下去的那两年。有时跟他们说："两句重话都受不住的人，有什么资格谈理想！"

人踩人的是社会。没被踩死的，就是成功者。你的实力终会让一切辱骂闭嘴，但在此之前，唯一能做的就是：忍着。

物以类聚，人以群分
这绝非势利之心
而是，和你站在同一平台的人，才能让你从容地做自己

人情世故皆有生态法则

很多人都渴望遇到好条件的对象。或许很多年前，我也认为这只是
"功利"，后来发现，好条件的人，也渴望与同样条件好的人结成生活同
盟……原来，这不只是"功利"两个字能定义的。

小时候被妈妈叮嘱："楼上亮亮的爸爸住院了，一起玩的时候你们要
让着他点儿。"——于是一整天都没敢跟他争玩具，他犯了错我们也都闷
声忍了，再后来竟慢慢生出一种想要疏远他的感觉。

长大后的圈子里难免有遭逢不幸的朋友——"他最近孩子重病，每月
还得还贷，能帮就帮一点吧"。——于是渐渐地每个人跟他交往起来都小
心翼翼，生怕一句话说错会勾起他的伤心事，大家都愿意帮他，却只限于
一定距离之外的帮助。靠近他，似乎彼此都觉得不自在。

…………

　　这个世界并非不善良，只是善良的人，也期待照得穿内心的阳光。强者往往不愿与弱者为伍，非因不够慈悲，只是因为太累，你要照顾对方的情绪，高调一点便是骄横，自我一点便是跋扈。反正世界的刻板印象中永远同情弱者，有力量的人，往往不自觉被扣上"凌弱"的帽子。想当个被主流价值感认可的善良人，不光要照顾到对方的物质层面，更要照顾到那不可捉摸的自尊心。

　　这要是在一段感情中，该有多辛苦！

　　最好的感情，也最好遵从生态法则。好多人恰恰是遇强则强、遇弱则弱，这也没什么不好，爱情中的物以类聚很重要。

　　感情一定不是做慈善，它是一个寻找对手的过程，它需要心智以及实力的匹配，越是旗鼓相当，过起招来才越精彩。

　　那句话说得多好：要么死心塌地为你吃苦，要么心甘情愿为他吃苦。

　　好的感情无外乎这两条路。

　　对于女人而言，选择后一种，需具备强有力的内心，以及驾驭生活的能力。

　　你不会为谁付出更多而揪心伤神，也不会为时常的被忽略而苦泪涟涟，你可以主动告白，也可以主动退出，你的自信允许你更执拗也更潇洒地面对爱情。——选择"你爱的"，是一件拼实力的事！

　　回归到开头的命题。

　　我们之所以喜欢好条件的对象，恰恰是因为，当一个人在生活中具备了足够的实力，他拥有自我满足的能力，也就不敏感不自卑，不会因为芝

麻绿豆一点小事纠结谁的尊严更胜了一筹。——一个真正强有力的人，不论身处何等位置，永远不会觉得自己被人踩在脚下！自信到了这种地步，从容和优雅就开始来敲你的门了。

当你弯腰，却不觉得低人一等。——恭喜你，就此迈入真正的强者阵营。

孤独，是一种被抑制的倾诉欲
当你渴望表达自己，却无人倾听之际，孤独，便来找你
这一种都市病，鲜有人能够幸免

都市里最深切的孤独

这是一个注重口才的时代。五花八门的口才培训课程，足以把一个不善言辞的人教导成演说家。可口才越好，似乎越难精确地表达内心。当语言的表达只注重技巧时，也就注定了情感性的缺失。

一次录制节目，声音好到无可挑剔的男主持突然来了一句："唉，现如今越是字正腔圆、普通话极其标准的，越是红不起来。"

乍一听这话并未明白，想想却似乎是这个道理，看看周围你爱得很的主持人，似乎没几个是专业科班出身，甚至有的人普通话都带着些或浓或淡的地方特色，但这不影响他们被喜欢，甚至成了他们的个性标签。原来，最终极的沟通，不是说无可挑剔的话，而是说让人亲近的话。

我也是近年才开始反省自己。我很年轻时便爬上了一个小坡度，站在

那个稍稍高一点的地方，职业对你是有要求的，也是因为年轻，我从佯装老到，到习惯了老到，渐渐发现连说句话都变得一板一眼。——其实很不喜欢这样的自己。

某次应一家媒体邀请参加一场国外交流活动，我的分享时间是二十分钟，那天我的工作仅仅只是一个旅行者的旅途体验讲述。二十分钟的时间，我和台下的几百位来宾一起笑得前仰后合，邀请我的媒体女孩，下来后惊奇地跟我讲："讲得真棒，没想到您还有这么逗的一面！"——那之后，她不再喊我"苏芩老师"，直接改叫"苏芩姐"了。

如释重负。

说实在话、实在的实话，感觉真像阳春天脱下了厚棉袄。

从业十年，我重新开始学着说"人话"。

我曾说过："当你说真心话时，无人倾听；当有人倾听时，却不能说真心话。——这就是都市里最深切的孤独。"

不过后来想想未必是这样。即便匆忙的都市，人也不都是冷血的，都有一腔子的暖意，我们可以给予任何一个需要它的对象，但前提是，我们得知道，谁是真正需要它的人。

而那么郑重的姿态，连言语都变成了礼貌的疏远，"哦，还是保持距离吧。"

所以，孤独不是无人理会，也不是无人理解。而是太郑重地做一分姿态，让热情少了来敲门的勇气。

我越来越不喜欢 "端庄" 这类的词汇
一个人总是端着装着，该有多累

会说话的女人最好命

曾有段时间，身边友人纷纷吐槽我： "你这个人也太严肃了，连发个信息也一副公事公办的死样子……"

精神一阵小紧张，过后，甩他们一脸冷笑： "喊，鸡蛋里头挑骨头！"

不过之后随着家人也开始加入他们的阵营，我的社交观彻底迷茫了： "我怎么就严肃了、死样了？！"

没事的时候拿着手机翻翻短信、微信，看看别人发来的，看看自己发送的。没啥问题呀。

"我二十分钟到，稍等会儿。"

"麻烦邮件再传一下，昨天没收到。"

"采访挪下周吧？这周不在北京。"

…………

迷茫几天过后，忽然有点开窍……此后我的短信发送方式正式更正为以下模板。

"我大概要二十分钟才能到哦，稍等会儿吧。"

"亲爱的，麻烦邮件再传一下好不，昨天没收到呢。"

"采访下周可以吗？这周不在北京哦。"

…………

此后，对方在信息回复上对我的热情度大幅提升。没见过面的也搞得活像失散多年的兄弟姐妹，怎一个热乎了得！

还真是这个道理，在句子末尾添加一些语气词，可以起到缓和语气的效果。有点点卖萌，也有点点娇嗔，瞬间小女人的味道激增。

面对面的沟通是立体的呈现形式，包括语句、语气、表情、肢体动作等。文字则是单一的信息传递方式，略显得生硬直白，它可以表达意思，但想要表达完整的情感，则需把你的情绪融合进去。表情、语气，都是建立完整对话形式的基础。

咱们经常使用网络表情，也常有些神奇的魔力。

一次录制节目时遇到一位40岁的家庭主妇，网恋了，对方是位28岁的年轻小伙儿。这位姐姐隐忍不住最后一季的少女春心，与这位亲爱的弟弟在麦当劳见了一面，一杯可乐喝完，以后，就没有以后了……小伙儿消失不见了，她却身陷其中拔不出来，非要跟老公离婚，跟那位弟弟进一步发展。

我们问她："那小伙儿有那么好吗？"

"当然！他特浪漫，给我送了一年的玫瑰花！天天送！"

一年的玫瑰花？！还天天？！

"是啊，每天在QQ里他都给我发玫瑰花。我生日那天他给我发了99朵呢！"

晕！敢情是这么些朵玫瑰花！

沟通要带点人情味。你看一些老人拉着你的手嘘寒问暖的时候，那股暖和劲儿直透进心里。

很多人都问："怎么才算'会说话'？"

别光挑有用的说，有些词貌似是废话，最终的作用不可估量。

人未必都喜欢更优秀的伙伴
一定喜欢，因为和那人在一起，自己变得更优秀了

社交技巧

"人情世故"，是蛮招人烦的四个字。

有时它意味着你必须取悦一些不得不取悦的人。

"人生一世"，又是无人能挣脱得开的四个字。

时常说到某些人，大家评价"那是个会哄人的人"。

会哄人，可不是简单的会夸人。把人吹捧得天花乱坠的，是谓"溜须拍马"，阅历再浅的人也一看就明了。再好听的拍马词，也难免让人生出三分轻蔑。这就是人的特性：既爱听奉承话，又瞧不起说奉承话的人。

当一个人奉承他人时，是把自己摆在了低于他人的位置上。这种姿态上的不平等，导致对方很难真正以重视的眼光看你。谁都明白，奉承，是件蛮掉价的事！

但社交场上，说"好"话又是难以避开的命题。不伤体面的奉承，是必备的交际行头。

　　真正的"哄"，精髓在于，让别人有炫耀自己的机会。

　　"取悦"这件事说来也简单，有时仅仅是"明知故问"四个字。

　　"这手包真精致，是最新款吧？""这项链看起来一定价钱不菲吧？""真想知道你是怎么在职场中一路拼过来的！"

　　人们普遍都爱的一种聊天对象，并非博学智者，而是耐心听众。

　　大多数的沟通，并非是为了汲取学识，只是渴望表达。

　　若你能给予对方最多时间开口表达的机会，便获得了被依赖的资格。

　　很多初入社交场的人不屑于此道，谁都渴望率性做自我。没有人天生喜好逢迎，那不过是一种生活手段。再功利的人，内心也有一方清高的角落。

　　何必太当真。

　　世故人情，要看重，也不要看得太重。

　　社交场中就是如此：如果你看到了他的骄傲，不妨就请他说出来。

吃什么不重要，重要的是怎么吃
食物不仅可以果腹，更能洞穿人性

吃相识人性

我很感谢小时候受到的一种教育：吃饭时，只能夹盘子里自己面前这一边的菜。

不论是奶奶还是姥姥，虽然性格和生活习性截然不同，但在这个问题上却达成了高度的统一。作为那个时代过来的女人，她们始终认为：一个人有没有家教，从吃相上就能看得一清二楚。

看过这样一个故事，女孩带刚认识的男友回家吃饭，送走男友后父亲郑重地跟她说："这个男人不值得托付，他为人自私，从吃相上能看出来。"女孩惊讶："这是不是太武断了？！"父亲耐心地说："他每次夹菜时都是从盘底搅起来，扒拉几下挑自己满意的才夹起来。他的家庭经济状况并不差，还这样贪婪地索取最好的食物，不是自私是什么？"

很认同这位父亲的观点。吃相，有时能精准反射出一个人心底的质地。虽然《水浒传》看了多遍，却并不反感草莽好汉们的吃相，两斤牛肉卷着饼，三碗好酒当水饮，只觉得是爷们儿，爽气。一个人吃饭狼吞虎咽，个性上往往不拘小节，但脾气也暴。

也有些人遇到爱吃的东西必须得吃到撑，一边抚着肚皮一边发朋友圈，好满足的样子。这类人直爽豪气，难免在感情上也不够细腻。

再跟你们分享个职场故事。

有位当老总的朋友，因助理离职，急需从下属中调一位来填补职位空缺，要求是对方工作得细致认真。正好赶上公司聚餐，大家围坐在他四周边吃边聊，他就发现旁边一位三十多岁的女员工吃东西的方式很有意思：整块的鱼排必须拿刀先剖成一小块一小块，然后再逐一食之。

后来这个女员工被调去做总经理助理，工作态度果然谨慎负责，事无巨细都极其上心。——这确实是谨慎细致类型的人常会有的吃相，但这类人谨慎之余，也难免保守，做开创性工作恐怕就不是他们的长项了。

识人确实是门学问。不光言行举止，一餐一饭间，也悄悄诉说着性格的真相。别急，慢慢学。知识和阅历，都会帮你更加眼明心亮。

一个人初步判断对方是不是自己喜欢的类型，最快只需90秒至4分钟
这就是一见钟情的速度
别觉得这样的恋爱太草率
直觉有时能更精准地接近真相

别总问 "他是不是真的爱我"

姑娘，不要总问："他是不是真的爱我？"

一个男人能让你感受到的，都是真的。通常来看，恋爱中的女人直觉最准，当不愿意相信自己的感觉时，只说明事实让她不敢面对。

我曾经承认，女人堪称直觉女神。相比于男人，女人的第六感总能告诉她一些别人想要刻意隐瞒的事情。

有个女孩的男友就是被她的直觉整得服服帖帖。每每跟女性朋友单独约会，回来后毁灭一切证据，但她还是能一眼看穿他的谎言。什么外地来访的老同学、临时被老板叫去应酬、帮同事家的电脑安装程序……这些听起来很像真事儿的理由都敌不过她那双X光眼！被无数次揭穿，男友也就不敢再冒死胡来，直感慨：这个女人不简单！

不简单的又何止这一个女人！去生活中看看，女人往往都对另一半的

谎言敏感得很。她们有时拆穿，有时不拆穿，但心里总有一面明镜。

不过女人这种在感情中的超强直觉力，说到原因，却不由得令我一叹息：还不都是因为女人太痴心。

感情中女人比男人要更为关注对方，或者说，女人更专一。一个人专注于某人某事时，本身就是强力直觉的源头。

发散到生活其他方面也是如此。相比于男人，女人的生活圈子更为狭窄，女人关注的方面也比较简单，这就决定了她们对某些事件的观察更细、注意力更集中。所以女人常常抱怨男人不够有心，纵然是她摆出一个并不难猜的表情，他也傻傻地说不出答案。并非都是因为男人笨且呆，也因为男人的生活更多姿多彩，注意力一旦分散，直觉力和感受力自然也随之下降。

直觉准都是因为太在乎。当整个心思都放在一个人身上时，渐渐你会变成另一个他。疼痛与欢笑，感同身受。或许是一种灵犀，但这样的灵犀却倍加伤神。重量不等的爱，最终都是一个人疼了、一个人烦了。

所以，自信的人往往大大咧咧，直觉太准，未必都是好福气。

你用愤怒惩罚我
我则用微笑来复仇

凡事一笑置之

我们每天都生活在"惩罚"之中。

你对别人、别人对你、你对你自己。这是一个有仇必报的时代。

有时候想想那些性格极端的人，觉得一个人性格中的偏激、挑剔、咄咄逼人……源自内心深处对自己的不满意。人性很奇怪，用咒骂别人的方式来宣泄自己的不满。

惩罚也是如此。

受到惩罚的人，未必学得会一个"乖"字，或许只是习惯了被惩罚而已。

假如一个孩子做了错事，在父母巴掌扬起的那一瞬间，他最害怕。一旦巴掌落在他身上了，恐惧感反而消失了。犯错的孩子接受了惩罚，觉得扯平了，负疚感也就消失了。

因为，疼痛会减轻负疚感。

或许你也偶尔回忆小时候，那些经常挨打的日子，那些为此挨过打的事情，现在想来已经忘得差不多了。但总有一次逃学、一次打架、一次惹事，原本等好的一顿狠揍，并未如约而至，父母相反耐下心来跟你说"我相信你下次不会再这样了"。这轻描淡写的一句话，却如一根针，狠狠扎在心上，下次再想犯类似错误时，疼痛就会翻卷上来。——原来，原谅比惩罚，更让人疼痛。

心理学家认为：内疚感的存在，对维持和改善人际关系是有益的，它能驱使人们采取更多的亲近社会行为来修补受损害的社会关系。当人们找不到机会进行补偿时，才可能通过自我惩罚的方式来应对心中的内疚。这种自我惩罚的倾向被称作"多比效应"。

昨日爱侣，今朝反目，心伤得七零八落之际，总会想到"报复"。
其实何必浪费时间去报复一个人。
或许你能报复成功，但从此他的愧疚也变成了对你的愤恨。
或许你根本报复不成功，真正无良知的人，没人报复得了他的良心。

一笑视之，或许是最大的报复。
虽然，这不是人人能做得到的境界。

女人害怕变胖，不仅仅是为了身材的美观
再往她的内心看一看，那里面住着一个不想长大的小孩

每个女人心里都住着一个小女孩

有句话：世上最动人的三个字，不是"我爱你"，而是"你瘦了"。

虽是调侃，大概也引起了女人内心的诸多共鸣。又有哪个女人，真正可以做到忽略身材的胖瘦？！

女人都喜欢苗条的身材。但女人和男人对"苗条"二字的理解是不同的。

男人觉得，苗条，就是不过分痴肥，适中即可。偶尔看不见的地方有点小肉肉，也权当是惊喜。

女人却觉得，苗条，得是骨瘦如柴。最好四肢如未彻底发育完全的小女生，纤细得带着三分楚楚可怜。

正因如此，每个女人常挂在嘴边的两个字是"减肥"。不论何种规模的身材，吃饭时总是念念叨叨："我只吃一口啊，要减肥啦！"

外人看来真是矫情。其实你们不知：女人对苗条的追求，只是源自内心"不想长大"的情结！

越是纤瘦的身材，越是让人联想到孩童。孩子的世界里，可以撒娇、任性、享受一切被呵护的待遇。只是当我们一天天长大，离"孩子"越来越远，各种责任和担当纷至沓来，那些不得不承担的，就是所谓的压力。女人都是被迫长大，即便到了不得不为人妻母，内心中还是留存着一个小女孩的情结。所以成年女人总会在潜意识的驱使下，在生活的方方面面找回作为小女孩的影子，这是女人逃避成人世界的一种心态。

女人对于苗条身材的不懈追求，除去对美丽的执着，更有一份"彼得·潘情结"。

终究说来，极度追求苗条身材的女人，是缺乏自信的。她需要一些外在的支撑，来获取社会的认同。这也算一种软弱。

每个女人内心，都有个抗拒长大的孩子。

不论脸上多了几条皱纹，你看她的一言一行，总眷恋着些微微的孩子气。

不论多美或多丑的女人，一生最大的敌人，都是时间。

30岁后，女人要为自己的容貌负责
而女人30岁后的容貌，由性格和智慧决定

只要绿茶不要婊

绿茶妹之于绿茶婊，一字之差，区别就在于"装"与"不装"。绿茶婊未必真的喜欢那种无公害的生活，但她知道男人就好清淡无公害这一口儿，越是经历了些场面的男人越爱清淡的，于是一颗红烧肉的心偏装出一张香菇油菜的脸。绿茶妹不同，是天然生就的宁静，外貌清新脱俗，拒绝浓妆艳抹，向往自然生活，能和女孩一起下厨，能和男人一起品茶，偶尔聊起茶道懂得区分绿茶、红茶的不同功效。

与此同时，绿茶妹最特殊的一项能力是：她衰老得很慢，从20岁到30岁，从30岁到40岁，再到50岁、60岁……或许脸上也添了丝丝缕缕的细纹，但皮肤一直光洁，眼神充满了柔暖的光芒。就像绿茶特殊的延缓衰老的功能一样，真正意义上的绿茶妹一定不会允许自己快速地跌入衰老进程，她会勤快地护理皮肤，也会为自己的兴趣爱好留出足够的时间，她貌似生活得极简单，但在成年人的世界里，能把一种简单维持几十年，才是真正的不简单。

由此突然想起最近流行的"经济适用女"的标准：温柔，居家，长发，中等姿色，知书达理，专一，重感情。

乍一看好像男人的要求变低了，不再把娶白富美当人生目标了。实则这是男人不同阶段的不同心态：男人都爱有"味道"的女人，年轻男人心中的"女人味"像酒，眩晕、烧心、刺激，当时荷尔蒙瞬间燃烧，第二天清醒后毕竟还是伤元气。熟男心中的"女人味"则像茶，乍一品是淡的，喝久了是香的，喝惯了是离不开的。

都说男人征服世界是为了征服更多女人，可哪些女人是用来征服的，哪些女人是用来疼爱的，男人心里一清二楚。对男人而言，有些女人带在身边，面子亮了；有些女人陪在身边，日子暖了。绿茶妹，无疑最易让男人把心交给她。

绿茶婊往往是男人捧、女人骂。绿茶妹则男女通吃，跟谁相处都蛮舒服自在。那种绿茶般的清淡滋味，浮躁的人品不出来，待久了就能感知到她的善解人意，聊天的时候总能够让人有一种想跟她一直聊下去的欲望。

不论你如何千娇百媚，一定要有一种滋味是绿茶味。越简单的，其实越不简单。这就是女人的智慧，做减法，能赢得更多。

"女人太能干，会让男人没有存在感！"
所以，该干的我都会干，
但同时，我也绝不会不给男人帮忙的机会

生活里的小女人

不要被小女人骗了，其实她们没什么不行！

那些不少做成了大事的，往往都是些"小女人"。看起来娇滴滴的、柔弱弱的，真到了关键时刻，哪一样也不输于人。

一脸无辜状，风不惊雨不急地就把精明事给办了。甩给那些大男人、大女人一脸的不可思议！

身边有个名副其实的"小女人"，自己做生意，难得的是保留了一身温柔的女儿气，她能让男人觉得她崇拜他们，也倚仗他们，聚会时忙前忙后、盛汤布菜的一定是她，男人们享受那种被尊重、被仰视的感觉，生意上也都愿意照顾她。几年下来，她的生意做得比那些照顾她的男人们都热闹，真金白银攥在手里，她却依旧说："嘻，我就是个小女人。"

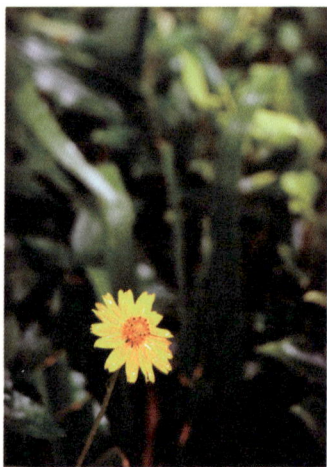

这样的小女人，能简单得了吗？！

有时候，"小女人"只是给自己添了一层保护色。这更像是女人的一种小诡计，用女人特有的方式去征服世界，或娇嗔，或任性……反正我不是大丈夫，我是小女人，偶尔的小滑头、小失误，你们理应多包涵。

这是女人的聪明之处，也是女人的自信之处。不要以为"小女人"都是靠着男人的帮扶去成功，一个人，只有内在极强大，才会有外在的极柔软。

始终记得第一份工作，曾经大雪天扭伤了脚，在天桥的台阶上坐了半小时，还是忍着泪花一瘸一拐巡完了店。直到十年后依然落下了后遗症，踝关节松动，每年必伤一次。

当时一位女同事离职时跟我说："你知道吗？当初面试时我是因为你才决定留在这里工作的！"

我一脸错愕。

她说："当时一进办公区域就看到了你，即便面试官跟我反复强调了这份工作有多苦，可我想到你，那么文弱的姑娘都能干得了这活儿，我有啥不能的！可这几个月下来，实在是苦啊！"

直到如今我也不认为自己是大女人。我没有多大的野心要站到世界的巅峰，但自己分内的责任，拼了命也要做到最好。小女人的韧劲儿，体现在对责任感的永不放弃。

不要误读了女人的聪明，也不要低估了小女人的坚韧。女人愿意以"小女人"的姿态出现，摆明了是用三分温柔去克化冰冷强硬的世界。谁敢说女人的"小"姿态，不是一种高情商？！

有些女汉子们来跟我倾诉活得如何如何辛苦，现实凶猛，女汉子这半边天扛得苦不堪言！咋办呢？

我跟她们说："从现在起做一个真正的女人。如果做得再好点，你可以成为一个小女人……"

与你一生完满有关的99个关键词

关于恋人未满

很多人说"做不成恋人，就做朋友吧。"可是，那些恋人未满的朋友，或许是感情中最难以估量的不定时炸弹。做朋友，或许只是一种以退为进的手段。毕竟，一对彼此有情的男女，又如何甘心只做朋友……

关于女人的找碴

男人总觉得恋爱中的女人最麻烦，一天到晚总有事儿，一刻也不消停。其实这是女人在用找碴儿的方式来试探男人爱情的热度。不是她们太娇情，而是，与"不爱"比起来，那种逐渐的怠慢，更让人倍感寒凉……

关于爱的讨好

真正好的爱情，就是"不费力"。不需要刻意讨好、努力经营，两个人已是顺其自然的舒服。如果一段情、一个人，得让你耗费巨大精力来取悦，这已注定不是能陪你到最后的缘分了。最爱你的人，不会舍得你如此辛苦。

关于要强

妈妈们都说"要强的女人没人疼"。可我们不是争强好胜，只是在没遇到那个能呵护自己一生的人之前，得像男人一样活着。

关于让步

懂得让步的人是聪明的，这是把决定事态走向的主动权握在了自己手上。感情对抗战中，赢了面子就输了情分。往往死撑到底的人，都成孤家寡人。弯腰不是认输，只是为了拾起丢掉的幸福。

关于"男人为何不追你？"

一项调查显示：男人更爱追那些"不太具有吸引力的女人"。原因是，追这样的女人，成功率更高。情场之中，男人常常比女人还怯场，所以最受男人欢迎的对象，不是"好美"，而是"好约"。那些从不肯展露破绽的姑娘们，知道你为什么剩下了吧！

关于说"不"

太把一个人当回事儿，对方就容易不把你当回事儿。当你从不忍心拒绝时，对方就会开始怠慢你。渐渐地，我们学会了说"不"。拒绝，不是因为小气，而是为了证明，我们也可以有放手的能力。

关于"女追男"

女孩不是不可以主动，但追一个男生也不要追得太久。女人或许会缓慢地产生爱情，男人的爱情却在于瞬间的爆发力。当他终于接受一个追了自己很久的女人，也许只是因为实在没遇上更好的。// 请尊重每一个死心塌地追过你的人，恋爱也需道义，别玩什么权宜之计。

关于迟到的爱情

如果早一点遇到你，或许会很快失去你。轻狂的年少里，能有几人懂得善待爱情！爱情这东西，迟到有迟到的好。至少我们已经学会了如何对一个人好。那么晚才遇到的人，不会那么容易就失去。既然爱了，就一生吧！

关于爱情的难易程度

爱情还是越简单的越好。经历太多磨难和考验，会更快地消耗掉当初的怦然心动！女人总觉得要让男人百转千回才得到，唯此才珍贵。可真正到手的那一刻，他只是一种大功告成的疲劳感。难追的恋人激发好胜心。好胜心太过，爱人变成了对手，多少爱情就这么戛然而止。

关于理智

我们总是太过理智，所以过得并不开心。当每件事情都细想前因后果、推算成败得失，生活不再有意外，也就难有惊喜了。曾经以为自己活得很明白，后来才发现，一个真正活明白了的人，或许，不会忍心让自己活得太明白。

关于恋爱女人的智商

都说恋爱中的女人智商最低，哪怕面对欺骗，依旧傻傻地不肯脱身。但看多了恋爱中的"傻女人"，也才明白爱情其实不是一道智商测试题：女人不是傻，只是因为舍不得，所以选择陪他一起装傻……

关于成熟与成长

朋友说"人生最重要的不是成熟，而是成长。"成熟的人总戴着一些假面。或许一个人在你面前表现得过于成熟稳重也不是好事。成熟，也是一种伪装。最好，一直成长、永不成熟。

关于选老公

选男人，还是选个疼你的好。爱，原本就是个挺虚的词儿。它不只是简单的形而上，更是一些实实在在的呵护。爱一个人，得给对方一些看得见、摸得着的在乎。一万句柔情蜜意，不如一句："放着，我来。"

关于慢热的爱情

不要轻易伤害一个慢热型的人，他们对感情往往加倍执着。越缓慢地开始一段感情，内心的投入度也就越深。最深沉的爱，常以"冷淡"的面目出现。不敢轻易开始，是害怕有一天离开，会承受不起那种痛楚。

关于"爱你的"和"你爱的"

他不曾对你呵护备至，也好，至少将来你不会不舍得离开。——能拴牢一个女人的，未必是爱情，而是呵护。享受别人的照顾，的确是会上瘾的。这就是为什么"爱你的"总能打败"你爱的"，因为人性的需求本质上是一样的：我们孤单地来到这个世界，都是为了找到一个人，能对自己好……

那些曾经共患难的也会半路走散。

无数彼此盟过誓的一样恩断义绝。

你抱怨不公平："我们一起经历过那么多，为何还是曲终人散？"

因为，是爱人就不是战友，你们也不可能天天一起出生入死。

感情终究是靠细节来维持。

把平淡时光绣出一路花边，

看你们还舍不舍得分开。

Chapter 5

爱情成败的细节

没有爱情的爱情故事

　　还在念大学的表弟跟我述说时下正火的相亲节目，说到他们学校一对情侣。

　　"节目说牵手成功就送欧洲双人游，俩人合计了一下满心欢喜就去了，彼此事先说好，假装谁也不认识谁，到了现场女生可以选男生，就专等她男友来。结果她录了两期以后终于她男朋友通过导演面试可以上场了，但那一期，她男朋友是最后一个出场的，第二个出场的是个高富帅，全方位展示雄厚的经济实力，现场女嘉宾都疯了，各种抢，她也动心了，也跟着抢，最后竟然跟高富帅成功牵手了！悲催的是她男朋友上场一看，女朋友没了，一猜就是牵走了，那个气儿不打一处来，不管三七二十一，也牵了一个。后来他们真的去欧洲旅游了，不过是四个人一起去的！"

　　我，一脑门子冷汗！

　　一次我在某卫视一档极火的相亲节目做嘉宾。节目里来了一位北京小伙儿，人长得憨实，言语不多，做皮衣定制，裁缝。相亲过程中不可避免要聊到家庭、住房等，他说："我没有自己住，跟爸妈一起住平房院儿里。"

　　长相，口才，职业，再听到这住房条件，姑娘们显然已经没耐心跟他接着往下聊了。台上仅剩的两三盏灯，更像是种自我表彰，姑娘为了证明自己不是贪财图貌的人，最后一关再随便找个类似"我只是觉得他说话的声音有点奇怪，我会比较注意听觉的感受啦""还是没有太来电啦，可能缘分还不到吧"等不咸不淡没营养的理由，堂而皇之圣洁高贵地划清距离。当然早已灭灯的姑娘大概是站累了，懒得跟不感兴趣的人多费口舌。

　　小伙儿拧劲儿上来了，好像非得牵手成功不可，幸好他喜欢的那位女嘉宾仍然亮着灯，可姑娘的手几次在按键上游离，看起来也离"拜拜"不远了。

　　坐在嘉宾席上的我和搭档，急得满头是汗！我们知道，他们家那老旧的小院儿可不简单，离着天安门走路也就十来分钟，一家三口，独院儿，现在的市值来看，至少过亿！

　　话不能说得太明，稍稍地透一点点，大致说了下小伙儿家的位置，旧房拆新是迟早的事儿，肯定能住上楼房，绝对不止一套哦。

　　那位心动女生最终冒险般下了重大决心走下台来答应了他第一次约会的邀请，在往台下走的间隙还不忘心急火燎地低声问台侧的我们："他们家到底真有钱假有钱？！"

　　一句话问得，我们好似把一个汗身子一扑通丢进了冰缸里。心里叹骂："拜金不可怕，可怕的是拜金的人没见过世面！"

后续的故事，已无须关注。

有些打着"爱情"旗号的爱情故事，把人的心伤得千疮百孔。

好多人都说："爱情到底怎么了？"

别老拿爱情说事儿。

也不是所有的爱情故事里，都真的有爱情。

爱的真意，就在一个"忍"字
爱了多久，也就是忍了多久
爱人还是敌人？
恒久忍耐，才知分晓

婚姻里最重要的是什么

很多人问："婚姻中，最重要的是什么？"
我想，不是爱情，是尊重。

婚姻之中，可以没有爱情，不能没有尊重。丧失了"尊重感"的婚
姻，很难让人有归属感。

有无数这样的夫妻，家庭矛盾已然不在乎闹到人前。说起彼此，一腔
口无遮拦。他攻击她的"老丑粗俗"，她回骂他的"卑劣无能"。每每遇
到这样的夫妻，看得人心里翻江倒海不舒服。

他们是因为没有爱情吗？确实也是。但更重要的，是他们没有了尊
重。我们看到的最磨人的婚姻中，夫妻间并非是因为缺乏爱情，而是因为
缺乏尊重。当互相间都不再把对方视为值得敬重的人时，什么话都敢脱口
而出。生活中，家庭悲剧抑或惨剧，日日上演。缺少了彼此尊重的感情，

如同炼狱！

都说夫妻恩爱，"恩爱"二字最是无奈：一旦爱走了，恩也就随即离开了。

这是大多数人的婚姻。

但也有些人，懂得维系婚姻的平衡。

我们常说，舒适的婚姻中，要懂得给予对方空间，要让彼此有自由的私人领域。

我们也会把这定义成"爱"的一种。但我想，它肯定已不再是爱情。

爱情，注定是占有。热恋，更是两个人的生活毫无缝隙的结合。当彼此的感情中可以容纳空间的存在，这已然是爱情的消逝。

恰恰此时，幸福婚姻和不幸婚姻有了分水岭。

聪明的夫妻，会把这当成情感的必经阶段。尊重彼此的生活状态，努力在越来越拉大的情感缝隙中牵住手。

较劲的夫妻，则开始拷问爱情、拷问彼此。感情进入了"缝隙阶段"，不依不饶地纠缠，只会令缝隙越拉越大，变成跨不过的鸿沟。

人之一生，最需要的，是尊严感。这是人内心赖以生活的支撑。

让一个人恨你的方式，是亲手打碎他（她）的尊严。——爱人还是敌人，其实中间只隔着"尊严"两个字。

女人对温度是敏感的
不论气候还是人心

如何给他好的初印象

"初次约会你打算请她喝点什么？"

面对那些来请我为他们约会支着儿的男孩子们，我通常会这样问。

"喝什么？呃，她想喝什么就喝什么吧。"

大多数男生面对这个问题倍感意外，完全没想过初次约会跟喝什么有关联！偶尔有自作聪明的男孩子，也会滴溜溜转着眼珠说："噢！我明白了，您是说请她喝酒，灌醉她！"

喂，兄弟，你真的想多了！

在我中学时代，特别喜欢去一位同学家里写作业，她的妈妈喜欢熬红枣姜茶，几颗大枣、几片生姜、加红糖熬成水，冬天就趁热喝，夏天就放温喝，总之四季不喝冰的。我偶尔去要是赶得上，便能分得热乎乎的一杯捧在手上。实话实说，红枣和生姜，一直到现在都是我极厌恶的两样食

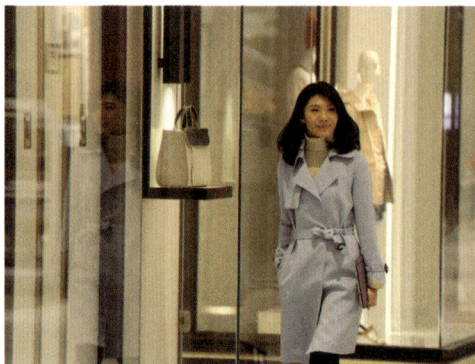

物，妈妈每年从家乡捎来的上好红枣，一到北京我就赶紧转送他人。生姜
更不用提，即便"蒜你狠，姜你军，豆你玩"的物价下，也丝毫没关心过
它价钱的涨幅高低。可同学妈妈的红枣茶，我仍然爱喝。回家跟妈妈说
起，她一边忙着一边咕哝我一句："别人家的啥都是好的！"

　　当然我并不认同这话。我和那女同学格外要好，有一半是因为她妈
妈。我替她打过架，大骂过欺负她的调皮男生，总觉得人家妈妈对我这样
好，人家姑娘的事儿就是我的事儿！可细细想来她妈妈对我是怎样的好，
终究又说不出来。她妈妈话不多，见面连两句嘘寒问暖的话都少见，即便
这样，我对她的印象，依然好到不得了！

　　后来看了心理学家约翰·巴哈的一项心理实验，觉得回忆里一闪而
亮。

在实验中，巴哈让不同的参与者手持热饮或冷饮，然后对其他人的个性做或热情或冷漠的评价。结果显示，手持热饮的被试者更容易对他人做出积极评价，手持冷饮者做出的负面评价则更多。

一杯热茶和一杯冰饮，给人的主观感受截然不同，人在温暖环境下，愉悦度更高，心情好了，满眼都是风景。

印象往往都是极抽象的东西，感觉更是如此。多少男女被"感觉"二字牢牢困住若干年，我不认为是他们一直背运、遇不上恰好对的人。所有的感觉，其实都是细节。为什么女人都爱博学的男人，因为我们总以为，男人知道的东西多一点，就更懂得用对的方式来对我们。

换了女人，当然也是一样。

温柔体贴其实都是虚词，每个人的定义都不尽然。正好，让女人们有了各自展示的空间。哪怕，只是一杯水。

之所以让人感觉有距离
有时是说得太少
有时是说得太吵

这样说话更吸引异性

遇到一位男孩，跟我聊天，全是抱怨："您说我怎么就没有女朋友呢？长得不差，学历、工作都拿得出手。每次追一个女孩子，也按照女孩喜欢的话题和她聊天，聊完之后，就没下文了！究竟是怎么回事呢？"

我看看他："您能小点儿声说话吗？"

既然女人是听觉的动物，对于声音的敏感度，自然是很高的。很多男生在语言表达上的失误，未必都是内容上的漏洞，也许是声音语调上的败笔。

同样一句"我爱你"。试试张国荣式忧伤气质嗓音说出来是何感觉？再试试董存瑞式的英雄豪迈大嗓说出来又是何感觉？——浪漫，不是内容，而是一种氛围。

女人最注重感觉。心里钟情最久的男人，不是有钱、有权、有才、有貌的，只是有感觉的。

说到"感觉"，男人顿时绝望。抽象啊！

没那么难。别把"感觉"这事儿想得太复杂。

一个合适的语调，就可营造出十足的令女人喜欢的感觉。

与你喜欢的女孩谈心，一定要选择安静的环境，最好并肩坐在她的旁边，略低声地说些一米开外之人就听不清晰的话语。女人的耳，对低音的反应很敏感。越是高声地讲述，越容易让人想要撤远一点。越是低声地倾谈，越让人想靠近、再靠近。——人的听觉往往如此：越是高音，越容易走神，心理上本能的反应会觉得，声音洪亮，就不会听漏什么。越是低音，却引得听者加倍用心地倾听，因为这时才害怕会听漏有效信息。

从感性方面看，人性很奇怪，用声音在潜意识中对距离做评判。亲近的人，只需轻声细语。越疏远的人，才要高声叫嚷。与人交谈时，不必说话太大声，否则会让彼此觉得心距太远。

不论男人还是女人，嗓门太大的，都不会太受异性的欢迎。谈恋爱，真不是个飙高音的活儿！

于是我对他说："收收你的声音吧。说什么，不重要。重要的是，怎么说。"

说得出的寂寞，都不算真正的寂寞
有一种寂寞，不说，却比说更彰显得淋漓尽致

___

孤独的人要吃饱

人欲之中，有一种是渴望口唇欲的满足。

唇齿之间，蕴含着人诸多蠢蠢欲动的渴望。比如倾诉，比如吃东西，比如接吻。

吻，是恋人之间最好的诉说。很多相爱的人，不发一言，傻傻地对望，却似乎倾诉了所有。

无法吻到爱情的人，喜欢上语言的倾诉。没完没了地唠叨，宣泄的都是唇齿间的不满足。

亦有人连倾诉的对象也没有。吻不到、说不出，唇间的欲望，开始通过吃东西表达出来。

…………

《红楼梦》中的夏金桂，相信你也一定不喜欢她。虽然薛蟠富三代的

本性难免淫逸骄奢，但这样一个媳妇娶进薛府，还是替这头脑简单又不失孩子气的呆霸王深深叹惋。那些年我常想：虽是恶人自有恶人磨，曹老先生也不至于给薛蟠安排这么一位吧？！

不过后来一个细节触动了我：夏金桂爱吃稀奇东西，尤其是啃骨头，越难嚼的越喜欢。所以每天让厨娘杀鸡宰鹅，剔了肉给别人吃，只把骨头炸焦了来下酒。

看到这儿，忽然深深同情起这个刁蛮作恶的女人来。

初看张爱玲的小说时，常爱看里面的小吃食，《小艾》里太太们打牌时吃的枇杷，《金锁记》里一屋子儿媳妇剥核桃衣做核桃露，不咸不淡的话，不紧不慢的活儿，谁也不求速度，似乎就只是为了混个时间打发个日子。觉得这些女人的一生都是灰蒙的，不论穿的红，还是着的绿，时间一样是个无底的空洞。——个个都是寂寞的可怜人，包括夏金桂。

依稀还记得幼时一个冬假，因为入园太早，不满六岁就上完了幼儿园大班，被爸妈搁到了爷爷奶奶家。6岁的孩子待不住，闹腾。屋外天寒地冷，出不去。爷爷看着屋里几大麻袋大松子，有了主意，松子是叔叔和朋友从东北运来本地合伙做生意的物料，二三十年前的山东，人们并不认这份磨牙的小吃食，一直就那么堆在屋里。爷爷给我拿一个极精巧的小锤儿，再三叮嘱"别敲着手"。整整一个冬天，我就坐在小板凳上，敲松子、吃松子，"叮，叮咚，叮咚，叮……"炉子上的水壶从嘶嘶呀呀到呼噜呼噜，手里的小锤儿没轻没重，松子敲扁了大半，入不得肚。就这一点无聊的营生，帮一个6岁的孩子度过了小学之前的那个寒冬。

如今也总能看到很多人嗜吃各种零食，瓜子、松子、小核桃……越是费工夫的零食越受钟爱。一则这是消磨时间的好利器，二则越是高难度的嚼磕，越增加了唇齿的满足感。

或失恋，或无助，或无聊，零食成了最重要的依赖品。食物有填充的作用，胃离心很近，把胃塞得满满之际，恍惚觉得心也是满的。唇齿忙碌之际，或多或少也让人有些安慰。——孤单的感受，因此被不真实地掩盖。嚼咽下肚的，都是你的倾诉欲。

都市如此喧闹，人人都有一肚子的寂寞难耐。若把每颗心都打开来看，大概颗颗中都有或大或小的空洞。孤独感，是人人都无法回避的一种感受。而唇与齿，却是排解孤独的重要渠道之一。

说出口的、吃下肚的，不是话语和食物，样样都是寂寞孤独。

总有男性读者来倾诉自己的另一半的唠叨："烦啊烦，怎么才能让她闭嘴呢？"

面对一个喋喋不休的女人，好吧，吻她吧。

一个人如果在聊天中总不肯告诉你答案
那么真正的答案是：他想和你说话而已

男女沟通中的思维差异

太太下班跟先生诉苦："今天真不顺，遇上倒霉事了！"

先生："什么事？"

太太："今天工作早结束，上司命我们提前两个小时下班。既然没什么事，就去西单商场转转咯。我不是好久没买衣服了吗……"

先生打断她："别扯些没用的，说重点！"

太太继续："我在说哪，你听着啊！我去了常去的那家店，正逛着呢，突然碰见了大学时的妮妮，好多年不见了，她胖了得有五十斤！我们就一起去喝咖啡……"

先生有好多不耐烦："到底发生了什么事？"

太太也急了："结账时发现钱包丢了嘛！就不知道丢在哪里了！"

…………

先生下班回家跟太太抱怨："真见鬼，今天倒霉透了！"

太太："什么事？"

先生："钱包丢了嘛！"

太太急问："丢在哪里了？怎么会丢呢？"

先生听着就火大："我怎么知道丢到哪里了？！知道怎么丢的还会丢吗？！"

太太也火大："那总不会平白无故丢了吧！做什么事情的时候丢了？你去哪里了？"

先生简直要炸了："说这些有用吗？丢了就是丢了！"

…………

这就是女人和男人截然不同的说话方式：女人说话，一定要先铺垫到位，才会最终揭晓答案！若少了过程的细细描刻，最终的结果都显得不够味道！男人说话恰好相反，男人最喜欢走直线，说话的目的就是表达结果，抓准重点，一言了之。

男人、女人在沟通上的冲突，其实源自性别间的两套思路。

一个喜欢在谈话中设置重重悬疑的人，往往有着更强烈的表达欲，或者说，当一个女人刻意掩饰起答案、追本溯源地跟你从头讲起，折射了她内心强烈渴望被关注的欲望。

追求细节的女人，总有讲不完的细枝末节，却容易令倾听者感到烦躁，人的思维如此：抓不到重点的倾听，令人烦躁。在不知道任何重点和结果的时候，听一大堆啰里啰唆的话，足够令人抓狂。

奉劝女士们：先抛出答案，后讲述过程。这能令听众们更有代入感。

奉劝男士们：当她抛出她的长篇大论时，耐心点、多听会儿。——话多，往往源自寂寞。她只是很渴望有个人能说说话……

有些女人爱美是天性
也有些女人爱美是手段
大多数女人经由岁月之手，从美丽变得邋遢，那背后写的满满都是幸福

洗净铅华里的安全感

有位相识多年的女友，一直极爱漂亮，大学开始就已经到了不扫蛾眉点朱唇就不乐意出门的地步，工作之后更是不能连续两天穿同一件衣服出现在众人面前，每次去她家看她，三分之二的时间都在看她展示新衣新饰新化妆用品，顺便也沟通一下穿衣化妆弄头发的心得体会。

后因工作变动，近两年未见，再见时实在惊了我一个目瞪口呆：好久未打理的微微鬈发是乱的，胡乱绑在脑后，身上的衣服显然比当年廉价了不少，长袍肥裤地乱穿一套，关键是脸上一点妆没化，青春期留下的小痘印清清楚楚。

我也是试探着问："这些年不太好吗？"

"怎么会呢？！我都要结婚了！"

她一脸的美洋洋喜洋洋，我更忍不住了："你跟之前比变化还真挺大的……"

她明白了我的意思，一脸的不以为然："我这眼看就要结婚了，又不是当年没对象那会儿了，有了坑的萝卜还有啥好打扮的！"

和大家一样，我一直反对女人这样的观念：婚前扮美如天仙，婚后粗糙如仆妇。

当你把地板擦得比你的脸还亮的时候，老公看你的时候就越来越少了。

无疑这些道理是对的。可某日在超市里看见了几位蓬头垢面在挑选蔬菜的大姐，她们的穿着除了"随便"还是"随便"，那张脸大概多少年也未见脂粉光临过。可这不妨碍她们决心要挑到整间超市里最漂亮蔬菜的昂扬斗志，绿绿的青瓜、嫩黄的蒜苗、奶油色不带一点瑕疵的花菜、紧实泛着露珠的包菜……那样苛刻的"选秀"，如同一场仪式，主考官神圣不可侵犯！

我忽然明白了"洗尽铅华"四个字背后，女人的凛然决绝：我的青春、我的美丽、我一切来来往往的岁月，全盘交付我爱的男人！

美女见了许多，必要盛装才肯出门的，往往对世界是有所"图谋"，盛装的背后，企图心一目了然。这绝非是坏事，漂亮女人的待遇明显会更好，除此之外却也总有些隐隐的焦虑感挣脱开浓妆的禁束扑散开来。她不必多说，女人的企图心会通过妆容的精致程度毫无隐藏地讲述出来。

所以如今的我有时想：当一个女人肯变得邋遢，惰性的背后，又何尝不是笃定的安全感。

若是男人懂得这样的道理，那该多好。

你不用说话，
你的眼睛会告诉我更真实的一切

眼睛的真相

但凡女人，都有过化妆的经历。更有时尚"达人"，天天都把"化妆"作为出门前最重要的一项工序。

我也几乎每日化妆。各种节目录制、社会活动，这一张脸几乎没有素着的机会。

化妆的女人都有这样的感受：一张脸的修饰中，眼部的妆容几乎要占到整个妆容的三分之二时间。眼妆是重点中的重点。画好了眼睛，其他部位，轻描淡写即可。

很多人都说不清为什么要在眼妆上耗费如此多的工夫，不可否认，眼睛漂亮了，整个人的状态也显得迷人了。

女人渴望一双迷人的眼睛，隐含的心理，是她渴望被关注。那些对自己眼睛不满意的女人，未必是因为眼睛真的长得不够漂亮，而是内心中总感觉自己被人忽略，那是对自身不被关注的一种隐隐怨愤。

眼睛是心理活动的投射。仔细看一个人的眼睛，能看出内心一些隐秘的波动。就如同人在看到喜爱的人和物时瞳孔会放大，即便再擅长伪装的人，也会在眼神里留下一丝丝情绪的痕迹。眼神，是内心极丰满的表达。

总在挑剔自己眼睛不够美的女人，又隐含着对自己语言表达能力的不自信。她认为，若是眼睛够迷人，别人便能够更轻易地读懂她的内心。

女人的眼睛，细细看，能看出很多秘而不宣的真相。

曾经遇到一个女孩子，整张脸素净非常，粉黛不着。只两条浓黑的眼线，横在眼帘处，活像多生出的两条眉毛，一眼惊人！

聊完后果然发现，这女孩新近正有一位心仪的男孩子，正犹豫着如何向他告白。

这两条浓黑醒目的眼线，瞬间暴露了她内心那股渴望被关注的涌流！

这就是女人。

她用一双眼睛在注视别人的时候，或许内心正想的是：你为何不紧紧地注视着我？

最羡慕那些敢没完没了任性的女人，这说明有人惯着她
男人女人都一样，敢胡搅蛮缠，不过就是仗着有人喜欢

以爱之名的赌气

有女孩子给我写来一封信："真没想到他竟然会跟我分手！三年，都是我的任性一步步逼走了他。现在想来真后悔！这世上再也没有比他对我更好的人了！告诉我如何挽回他，我终于知道是真的爱他！"

声泪俱下！

"真的爱他吗？"为何我没看出来。

爱情，不是相互需要，而是相互爱恋。

很多人对于另一半，只有需要，没有爱恋。那些任性的恋人们，即便有那么一丁点儿的爱恋，也只是爱恋对方对自己的百般讨好。说来说去，不过是"自恋"。女孩子谁不想当公主！有个人天天为你待命，这种关系无疑是好极了。于是当他真的走了，她适应不了了。并非是因为失去了爱情，而是因为失去了他，她不再有做公主的机会！

年轻时，我们都太爱自己。

想起之前听到的一个故事：一位白富美的姑娘被男友甩了，一哭二闹，三个月来死缠求复合。前男友终于服软，答应从头再来。就在男友答应的那一刻，白富美狠狠一巴掌甩到他脸上，吐出一句话："我要跟你分手！"

年少时多少你认为的真爱，实则只是一场赌气！

爱情毕竟是不可再生的资源，一旦消失，难以重来。伤过的心，即便挽回了，也再难像从未受伤一样去爱了。别看那么多人在你生命中出出进进，一辈子对你好的人，也遇不到几个。善待爱你的人，也就是善待自己。

不少人曾问我："真爱一个人的感觉是什么？"

想了想，其实真爱的感觉，就是会不自觉地想要为他做些事情、能够让他高兴的事情，甚至没有那些想要回报的念头。

就像很多真爱过的人分开了，心里总留着一份深深的遗憾。

你问时，他们说："不是遗憾于不能得到你最好的一切，只是遗憾，不能把我最好的一切给你。"

不想说"感动"。

却，确已感动。

阅历的终极礼物，
是给予一份不被阅历左右的简单快乐

那些不设防的勇敢

传说中，爱神丘比特有一支箭，射穿谁的心房，谁就遇到了爱情。

爱情是长在伤口处的。与之俱来的，就有伤害。

当选择了爱情，必然就选择了伤痛。

于是好多经历过的人说："我真是怕了爱情……"

共此红尘，我们都是一样的人：经历越多越胆怯。

阅历，会让人在最快乐的时候，感到些微的不安。时光的磋磨，使人胆怯到不敢相信自己会获得幸运。快乐没有那么容易，生活总在冷暖中交织。

于是会担心，怕快乐不会停留太久，接着，眼下的快乐也遁形无踪。人的成长，总从忧心忡忡开始……

我常想：一个人的勇敢，未必是强大的内心在支撑。也许仅仅还只是心性真纯。

感情中，更是如此。

很多人的爱情，都遭遇过一场"大折腾"。咒骂过、痛哭过、伤与被伤过……伤害有多深，也只说明爱有多深。情场中人，只要心底还眷恋着爱，总会不忍心真正地分开。——打过骂过疼痛过，最终还是原谅、和好、继续。

"回头草"在尘世中遍地丛生。很多吃过它的人，嚼在嘴里，却发现滋味竟然与往昔不同了。说不清是哪里不对劲，却明白此后多了一份力不从心。

那个曾说过"打是亲、骂是爱"的人，一定未曾在感情中伤筋动骨过。爱人之间，打也打得，骂也骂得。但统统不能下手太重。只因经历多了伤痛，就学会了把心牢牢护紧。爱之越深，便越软弱。波折越多，便越怯懦。不论多么强大的内心，一旦驻扎进了爱情，总会开始软得一塌糊涂。——爱情，是人一生的软肋。

谁不想要一份不疼痛的感情？！偏偏任何一份感情，都带点疼痛感。——可千万别让它疼得太厉害。只一次的痛彻肺腑之后，会发觉很多东西开始不同。不是感情变了，是勇气变了。

用一生学会一个"怕"字，越到后来领悟越深。

我们终将变得胆怯。

那些不设防的勇敢，渐渐在时光中，穿上了密不透风的防护衣……

青春如何来证明?
答:那些年的爱情里,没有男主角。

如何将一个人的单恋正确导向正轨

或许很多姑娘都曾被暗暗地爱慕,很多姑娘都曾被隐晦地告白。男方表示出自己对她的欣赏、说自己未来的女友要像她这样该多好。一些姑娘就心动了,当晚躺床上烙饼、翻来覆去睡不着,大多数姑娘天亮时会得出一个结论:不答应,不拒绝,让他追。

更有不少姑娘接下来就该来找我了:"他到底是不是喜欢我?!怎么没下文了!"

暗恋好比是一场独幕剧,你还想要接着再看下一集,咱得先来了解一下暗恋到底是咋回事儿。

英国有一位专门研究"单相思"的心理学家佛曼斯特,他在英国了解到,每年有100余万人陷入暗恋旋涡,男性居多。一生之中,60%的人"暗恋"过,更有20%多情种还有可能暗恋2~3人,暗恋不会随着年龄衰老而退却，60岁以上老人也时不时会单恋一把。不过单相思"寿命"并不会太长，平均每次持续时间仅为36天，绝大多数人如果得不到积极回应，很快也就能走出心理困局。

碰上一个喜欢你的男人，如果你也喜欢他，别让他等太久。女人的感情多是长线作战，不少痴情女可以用大半辈子等待一个住在心里，却又不可能住在一个屋里的男人。但男人通常就是短线作战，极少听说哪个男人会为了某个女人熬过孤单的漫长岁月。即便是人人赞叹的金岳霖，也曾有过N多次放手的念头，每每想结新欢，徽因姐立马美人示好。——想让男人长久一点爱你，女人先得积极表示。

至于怎么积极，最简单的办法是赞美他。

男人面对夸赞自己的女人，是没有抵抗力的，很多优质熟男就这么被一些肯往死里夸他的平凡小女人搞定了。

青涩女生面对自己心仪的男生，生怕走漏了自己的赞赏之心，怕失面子。

可是你不鼓励，他又如何继续？

当你对他说："衣服搭配得很显品味，平时也喜欢关注时尚吧？"

这不简单只是一句赞美，这是打开了一对好感萌生的男女的话匣子。由赞美开始切入的话题，聊下去，共同语言一定不少。聊着聊着，春天也就来了……

恋爱总有无理取闹的一面
可无理取闹的背后，又洋溢着多少深深的爱意

爱即微不足道的小事情

你会为了发信息、打电话和伴侣吵个不停吗？

"十几通电话，一个不接，短信、微信一个不回！那你心里到底有我没我？！"

"我在开会好不好？！上班时间谈情说爱，还要不要这份工作了！"

…………

男人女人都挺委屈。女人说男人不知冷知热，男人说女人太胡搅蛮缠。

唉，实在是一群还不懂得如何去恋爱的孩子！

有个例子。

一对恋人，男人是都市中创业一族的代表，每天忙到昏天黑地。女友工作相对轻闲，多数时间，电话、短信是她打给他，发给他。也几乎很难

收到他的及时回复。不过她说："虽然他陪我的时间不多，可我并不缺爱。他从不舍得让我傻傻地等。"女孩翻出他的回信，很多很多是这样的一句话："亲爱的，我一会儿要开会，可能接不了电话、回不了信息。忙完打给你。爱你。"

收到这样的解释，哪个女孩还会去无理取闹？！

一条石沉大海的信息，在女人心目中，那是胡思乱想的开始：他在哪里？是不是出事了？还是正跟别的女人在一起？

不论男人还是女人，只会对最爱的人"乱想"。虽然那个被"乱想"的人有时觉得烦透了，可又有谁知道，那个为你乱想的人，是有多爱你。

最爱你的人，要的不多，仅仅是一份安心、一份笃定。

或许你认为这一点点小事，实在不必小题大做。

恰恰那件微不足道的小事，叫爱情。

男人不坏，女人不爱
男人太坏，女人还是别爱

你为什么被泡良男盯上？

最近流行一种只恋爱不结婚的男人，他们专门针对良家女子下手，用各种花言巧语引诱她们上床，得手之后绝不负责任，若能从这女人身上获得些物质好处，财色双收的事自然最好。这一群人，统称为"泡良男"。

很多泡良男在哄骗女孩子时会说："我要是只想跟你上床那直接去'东莞'得了，多省事，哪用得着像现在这样费心费神地跟你谈恋爱？！"

很多姑娘们听到这话就心软了，觉得这男人是真心对自己的。

别犯傻了，去东莞机票加酒店再加小费，这费用可不低。以爱情的名义哄骗一个良家女上床，估计一把玫瑰花就够了。良家女和风尘女绝不是一个等级的。小姐们是做生意，只认钱不认人，若良家姑娘爱上一个男人，既可以充当免费保姆，又可以提供免费身体服务，甚至可以为了男人一句不靠谱的承诺，赔上自己的大好青春！

伪爱情的代价，时常是人财两空！

其实泡良男的骗术并没有太强的技术含量，一位标准的泡良男给我来过几封信，说这些年骗了不下上百位女人，他大言不惭地说，主要是因为女人太好骗，就一个字"哄"，往死里夸，啥样的女人都能搞定。不太漂亮的就夸身材好，身材也一般的就夸气质好，连气质也不好的，就夸她很特别。——男人这张嘴，谁信谁倒霉！可恨就可恨在，他们总能找到女人的软肋。所以姑娘们，你知道自己为啥会被泡良男盯上了吗？

你爱听甜言蜜语。提醒一句：男人上床之前的话信不得。长得白点儿的，他敢说你是七仙女；声音甜点儿，他敢说你赛林志玲……男人获取猎物的手段其实简单得很，女人虽说爱用耳朵谈恋爱，但过分依赖耳朵去选择对象，女人的厄运也就来了。

你容易轻信借口。泡良男常常用"忙"来当作玩消失的借口，女人一听就心软了，甚至反过来着急地安慰"亲爱的，你要保重身体啊"。忙，或许是真的，但到底他在为何事而忙……泡良男的私生活，就不能细想了。总之一句话：若一个男人只在想跟你上床的时候才对你很热情，除此之外的时间他都很忙，忙到甚至没有一个电话和短信，这就只是把你当炮友了。

你容易心软。男人装可怜的话信不得。你以为男神在女人堆里都是战无不胜的吗？那就大错特错了！男神最终都会败给一类男人——装可怜的男人。女人的示弱，能让男人变得伟岸。男人的示弱，能让女人变得像妈！一旦陷入爱情，女人都开始有点母性情结。你要想把男人当儿子养，骗子就容易找上你了。

你依赖性强。很多姑娘在外面看起来活像只小白兔，她需要寻求男人的保护。这让男人看到了下手的机会，楚楚可怜的女人总是命犯烂桃花。女孩在外面稍微厉害点，有时可以挡掉一些不必要的麻烦。

…………

有些男人除了嘴巴好，其他什么都不好；有些男人除了嘴巴不好，其他什么都好。这两种男人，你会要哪种呢？

或许女人都会说"肯定要后一种"，但是往往好多姑娘就栽在前一种手里了。没办法，这就是女人作为听觉动物的天性。所以女人的一生，就是跟天性做斗争的过程。

说分手的是你
摔门而去的是你
最先后悔的还是你
悔青了肠子也不肯低头的还是你
爱，让每个人都太过较真儿

爱你的人会心甘情愿地输给你

我赞赏那些在感情中肯吃亏的人。否则，他说一万遍"爱你"也别信！爱你的人会心甘情愿输给你。学会了迁就、懂得了忍让，才能证明深爱着你。

只是，现实中好多爱情，恰恰跌倒在这个"输"字上。

每一对恋人，总会有些时日僵持不下。那些争执中，谁都不肯先低头。

真爱的一种表现，是害怕认输。

爱，是让人心里已经在跪着，面上却不肯稍稍低下头。

撑足了面子，也要证明自己弥足珍贵！

可女人恰恰有这样一种特性，习惯了用男人认错的速度来判断他爱的浓度。此一番僵持，正因内心对爱的不确定感。越是不安全感强烈的人，越不敢放低姿态。

在感情生活中，敢挂着一张"厚脸皮"的人，无非两种：一种是早已恋到了不分彼此，熟到了如同连体婴儿，谁对谁错无关紧要，为了图个轻省，干脆来一句"行行行，都是我的错"，只图迅速结束战争。另一种则说明心中没有"情"之挂碍。嘴上说着"爱"，心里却另有盘算。他不在乎你对他的看法，反正也没打算有更深的将来。——你看，就是这样，只要不是爱的人、在意的人，脸皮厚一点、神经大条一点，都无关系。感情之中，人在面对自己觉得无关紧要的人时，不会过度考虑自尊心。

当你很容易被一个人激怒、情绪无时无刻不随着他波动时，这个人之于你，意义不言而喻。恰恰就是在刚刚爱上、激情如火如荼的那一段时日，人把自尊看得比天还大！

经常看到一个人的任性，外人眼里那是矫情，一点儿小事非捏住了不算完。可那种深刻的折磨，恰是一种深刻的在意。有多少不肯弯腰的骄傲，是彼此看不懂的在乎。

只是，强硬的姿态，站久了会累。

每每遇到有人问："怎么办？我们之间到底应该谁先认输？"

真是傻话。

弯腰、低头，不是认输，只是为了拾捡起彼此的幸福。

我最羡慕的爱情是这样：一个闹着、一个笑着，一个吵着、一个哄着。——感情中没有吵不赢的架，如果一个人总是输，不是口才不够好，只是不忍心把伤人的话说出口。总要一个人"输"了，两个人才能赢了！

与你一生完满有关的99个关键词

关于富养自己

你亏待自己的一切，都会慢慢积在脸上，长成一股戾气。优雅和乐观，不是苦水泡出来的，苦寒梅花香的故事固然也有，只是极少数。大多数凡人我辈，还是因为"得到过"，所以"释然了"。尽量对自己好一点。生命中有太多亏欠和遗憾，又如何心态平和地优雅老去？

关于如何嫁给幸福

有些女人，嫁给谁都过得蛮好。她们把对生活的要求都寄托在自己，而非对方身上。不期待也就不失望，不纠缠也就不受伤。其实，男人能给你的，都不是真正长久的。自己内心生长出来的快乐，才是一辈子的。当你不痴缠、不依附、不跟自己较劲……女人哪，嫁给谁都一样！

关于两个人的抉择

很多人问"面对两个人我到底该选谁？"其实答案不重要，题干已经暴露了你的真心。足够爱一个人，又怎会同时爱上另一个人！如果一个人没有彻底占据你的心，这样的恋情宁可不要。——当心里同时出现两个人，那不叫"爱"。

关于运气和能力

世界原本就不公平，有人生而富裕、有人注定磨难……可这不是我们就此沉沦的理由。谁都知道顺风路好走，但这是运气，不是能力。有本事，就把弯路走直！

关于"爱，还未恋的那段时光"

我知道你喜欢我，你也知道我喜欢你，可是谁都未曾说出口……这，就是最好的时光。// 真正的快乐，总是带有一点点微痛感。令你焦心的，才会稳稳抓牢你的心。

关于习惯

打败爱情的，有时是习惯。很多味同嚼蜡的感情，却仍在死死挽留，无关爱情，或许只是习惯了有 TA。其实想想看，当"爱情"被岁月变成了"习惯"，也就长成了最结实的一种状态。

关于"男人女人最渴望什么"

女人能给予男人最温暖的两个字是"我懂"，男人能给予女人最温暖的两个字是"我在"。感情中，男人渴望理解、女人需要陪伴。男人最需要的理想爱情，是"失意时"有"我懂你"。女人能想象的最好未来，是"每一天"都"在一起"。

关于犯贱

或许你会说"爱情本身就是犯贱"。可是，两个人一起贱，那才叫"爱情"。一个人犯贱，那是自虐。——当你失去了自己，很快也会失去爱情。

关于痴情

"不爱了就放手。"很简单的一句话却很难做到。人性中有一种邪恶叫"我们只爱不爱我们的人"。有些人越被甩越痴情，那其实是一种任性：感情难免有分手，任性的孩子们，却希望"提分手"的权利只掌握在自己手上……

关于情场逆袭

男神和女神永远走不到一起。姿态摆得太高，谁都不肯放下身段弯弯腰。王子娶丫鬟、仙女嫁长工，逆袭，不是什么神话，幸福，有时需要一点厚脸皮。情场之中，主动是成功之母！

关于感动

不要仅仅因为一个人对你好，就接受他的爱。感动，总是有期限的，没人能对你殷勤一辈子。因为感动而建立起来的感情，受不起一丁点儿冷落。忽然有一天滚烫遇冷，那感觉，对两个人都是折磨……

关于失恋

不要因为失恋就要死要活，这会让人觉得你没见过世面，同时也是向对方认输"除了你，我再无更有价值的东西"。所以分手时越干脆的前任，越令人念念难忘。转身时的决绝，也是一种魅力，这就是告诉对方：我还有很多东西，比你珍贵！

关于最好的爱情

不好的爱情让人变成疯子，好的爱情让人变成傻子，最好的爱情让人变成孩子。感情有时是件降低智商的事，却多少人傻傻地乐此不疲。别以为这是坏事，傻孩子们，越简单的才越长久。

关于挑剔

挑剔的女人是男人的一面镜子，她总有办法让他知道，他的本事比其他男人差多远。多少男人在女人的挑剔中埋头进步，目的是为了终有一天学成毕业、再不回来！所以，女人别把自己搞得像所学校，没有哪个男人真心愿意一辈子当学生。

关于聪明的蠢人

当我们感觉自己很聪明的时候，往往也就是最容易做傻事的时候。愚钝人兢兢业业，反倒能有所成。那些不可思议的傻事，大多是聪明人的作品。聪明人的自负，是比愚蠢更大的灾难。

关于情欲的毒药

有调查发现：闻女人的眼泪会导致男性雄激素水平下降，对异性的兴趣大减。可见眼泪是情欲的毒药，一旦泛滥，只令男人想逃！情场之战注定不相信眼泪，妹子，别哭：微微一笑，可挡情敌三千！——快乐是女人的品牌商标！

关于着装

当一个女人穿衣服只图舒服的时候，那就说明她老了。青春难免有些自虐的成分，疼痛的勒痕背后，也伴随着虚荣心满足的快感。当一个人真正懂得对自己好了，通常已是年纪不轻了。女人用苛刻的审美观来证明年轻，或许青春就是一场自虐的游戏。

爱上一个人简单，

但能否用爱留住一个人，就没那么简单了。

遍街都在高歌"相爱没有那么容易"，

那么多来来往往的恋人，过个多久你再看：

有恩爱共枝连理，有老死不相往来。

所以，相爱没有那么容易，

你要有足够的能力，才可打败时间的调戏。

Chapter 6

恰到好处地为爱升级

面对一个喜欢的女孩
你要尊重，又不能太尊重
你要放肆，又不能太放肆
其中力道，琢磨透了，情场也就出师皆利了

放肆之前，先弄明白她

　　某次签售，到了提问环节，现场有一位年轻小伙儿，手举得老高，脸憋得通红，他的困惑大致是这样的：他跟公司一个女孩子眉来眼去暧昧良久，终于女生答应了跟他出来看电影。结果看完电影，问题来了。

　　他摸出手机说："苏芩姐，您帮我看看她发我的这条短信是什么意思？"

　　女孩发来的短信内容如下："我觉得是我想多了，咱俩还是做普通朋友吧。"

　　男孩就茫然了："怎么看了场电影就做普通朋友了呢？"

　　"傻小子，谁让你电影看得那么认真了呢？！你就光看电影了吧？"

　　显然这小伙儿没理解我话里的意思："那不看电影干什么？"

　　彻底被他的单纯打败了！好吧，是我"邪恶"了！

不过面对如此自律的绅士，又总忍不住多唠叨几句：男人哪，想把妹，还是先搞懂女人的心思吧。

法国《女性》杂志最新研究发现，女人在潜意识中都渴望被心爱的男人拽住，摁在墙上强吻，这会给她们带来绝佳快感。

当然，这并非是浪漫的法国女人的专属念头，扩展到亚洲国家，日本甚至有了所谓的"壁咚"主题餐厅，餐厅里站着一位高大俊朗的帅哥（当然，是人形玩偶），一手撑着墙，俯视下方，女性顾客可以站到帅哥面前，享受一下即将被壁咚的刺激感，虽然仅仅是拍照留念，生意也好到爆。中国也不例外，各种偶像剧中最流行的男追女体位姿势就是壁咚式，将吻未吻的那一瞬间，不少女观众心里就开始叫嚣"快点吻快点吻"，等镜头结束还要投诉一番："怎么这么快就吻完了？！完全没力度嘛！"

女人哪，完全是大开色戒了！

女人一生都在寻找更强有力的伴侣，在她许可的范围内，男人的主动"袭击"，反而是男性魄力的一种体现。女人无疑是渴望被尊重的，但男人在私密空间中依然按兵不动无所表示，会让女人感受到吸引力的溃败。是女人都一样，能动用姿色的，谁都不愿动用脑子。女人诱惑男人，也不过是渴望寻找到一位能经得起诱惑的男人。

从另外一点来看，虽然对于男人初次的"动手动脚"，女人通常会拒绝，但如果一个男人连"拒绝的机会"都不给女人一个，接下来也很容易被扫地出局。——女人在恋爱心理中，常常是处于弱势的，她需要不断占领主动的地位，以此来保障自己的优越心理感受。

所以女人终归是需要被尊重的，但女人被尊重的感受，往往是通过拒绝男人来获得。

可见，追爱真的是一场心力角逐。要尊重，又不能尊重得过头；要放肆，又不能放肆得太过。反正一切要因时而动。

我跟小伙儿说："女孩子怎么会跟一个不信任又没好感的男人去电影院呢？！电影院里——黑啊。这么黑的电影院里，你就光看电影了……唉！"

你对生活那么多要求，难怪生活对你如此苛刻
跟着自己内心热情走的人，有时反而最有福气

好的爱情并不是一切准备就绪

在北京台录制相亲节目，来了位出身书香门第的女孩子，二十八九岁的年纪，端庄得宜。聊到心目中的"好女人的标准"，她用十四个字总结："琴棋书画诗酒花，柴米油盐酱醋茶。"

此言一出，我们都语塞了。

淑女的相亲之路似乎并不太顺畅，现场几位男嘉宾个个对她满是溢美之词，有修养，有学识，端庄得体，落落大方……即便是如此高的赞美，最终，节目的其他两位女嘉宾都成功牵手了青年才俊，唯独她孤零零站在那里，端庄的笑里掩藏不住尴尬。

忽然有点心疼这女孩。

淑女难嫁，不是一天两天了。她们身上总有一种特殊的气息：那微笑

明明也是温暖的, 若你大着胆子靠近一些, 却倏忽感受到这温暖之下略略的寒气。——淑女, 会让你靠近, 但不会让你靠得太近。

就拿节目中这位女孩来说, 话总是绕着说, 喜欢不说喜欢, 非扯出一堆"很能干、蛮上进、挺孝顺父母"的理由, 似乎没有这些理由, 自己的好感便显得不够光明正大。倒让我替她急出一脑门子冷汗: "妹妹, 你就说对他有好感又能咋的?!"

都说最好的爱情, 是一切准备就绪, 最好的你遇到最好的他, 一切都那么刚刚好。

我想, 这不是爱情。

爱情是动物本能的冲动, 甚至是知错犯错的执拗。这个时代的爱情像神话, 其实不是爱情消失了, 而是人性的本能被太多条条框框限制住了。面对感情, 有自尊当然是必须的, 可要是太把脸面当回事儿, 就好比是戴着面具谈恋爱, 你演足了内心戏, 可对方看到的, 只是一具温温婉婉的冰冷假面。

爱情只是一时冲动, 却让人奋不顾身, 如此爱过, 才算值得。

好多大男大女抱怨自己桃花缘欠缺, 也不是条件不好。我只能跟他们说: "你们太久没冲动过了。"

不要小看了"热情"的魔力, 常常, 它能帮你弄到你喜欢的一切东西, 包括, 你爱的人。

感情中的分离，都是为了将来更好地相聚

异地恋，靠的不是感觉，而是坚持

异地恋的维系主要靠"幻想"

有时你满心欢喜讲述见闻趣事，终于等到对方的回应，兴奋和热情却已减半……距离，让一个拥抱都成奢侈。

异地恋的隐痛，经历过的都会懂。

那因此就有至关重要的问题出现了：异地恋是否能够长久地维系下去？

大多数人对此抱有悲观看法。尤其很多有过异地恋经历的人，当如胶似漆败给了相隔千里，就知道什么"两情若是久长时，又岂在朝朝暮暮"都是骗人的。

当然没有随随便便成功的异地恋，千里之遥还想开花结果，实在是智力、心力、耐力、自制力各种总和累加而成。关于异地恋维系，各种沟通、保鲜说了无数，今天想从另一个角度来谈谈·一段异地恋到底能否成功,有时取决于你是否会把对方幻想得更美好。

无疑,陪伴是感情的最本质需求,如果不是为了结伴而行,人没必要耗费精神去恋爱,结婚。异地的陪伴难免显得形而上,面对每天身边散发着体温诱惑的俊男美女,始终如一,不是说说那么容易。

但观察周围最终结合并恩爱美满的异地恋人,通常都有个共同点:在他们的讲述中,恋人身上几乎没什么缺点,即便有,也不过是白玉微瑕,好比是美女脸上的微微雀斑,反倒添了俏皮姿彩。他们之中的大多数,但凡提到对方,总是一脸的眉飞色舞、极尽夸赞,为拥有这样一个恋人而醉心不已。如果真的见到了本人,那"国色天香"的也不过就是小家碧玉,那"性感倜傥"的充其量也就是不过分痴肥。什么潇洒美艳、风趣机智,统统被降低了入门资格。——不过你先别急着泼人冷水,恰恰,这才是异地保鲜的终极奥妙:我,永远会把你想得更好一点。

在感情问题上,再视金如土的人也难免有些功利心态,谁都希望和更优质的伴侣一起生活,如果从认知上能感受到对方的优质性,无疑能促使你对这段感情更积极地投入。

而从另一层面上看,一个人对伴侣的评价,反映的是他对这段感情的心态。那些对伴侣总是给予更高评价的人,其实是对目前的感情甚为满意,也有意愿更长远地走下去。对伴侣的负面评价更多,倒未必是那个人真有那么差劲,或许只是你的心慢慢走掉了而已。

你的言行,一直诚实地遵循着内心。

　　说到这儿，又一个问题来了：负面评价并非一日形成，在此之前也一定经过了漫长霜冻期的积累。

　　在此提醒很多正在恋爱阶段的男孩、女孩：别以为风平浪静的爱情就可以不管不顾，你不把自我内外形象管理好，用不了多久，感情中就会怨气冲天。

　　所以要做好几件事：

　　不要在电话、短信、微信、邮件等一切沟通工具中恶语相向、粗话连篇，女孩子不要如怨妇一般日日来电控诉恋人不在身边的苦楚。

　　注意保持自己的形象，男人、女人，衣领裙边、指甲发间，永远保持干净整洁，你的美丽或帅气，在吸引异性回头率的同时，也点燃了对方爱你的激情。

　　你有责任成为一个值得让他骄傲的恋人，永远不要怠慢工作，你的优秀，看在他的眼里，会成为更爱你的动力。

　　…………

　　不仅异地恋人，即便日日相伴的你们，做好这几点，也一定没错。

如果你以为你漂亮、开朗、优秀,就一定会有人追
那你就大错特错了!
男人追求女人的原因,可不像你想的那样

他们为什么不追你?

有这么一个段子。

表弟追求同校一女生,每天发无数条信息,各种示好,女生从来不回。表哥就对他说:"就你还想泡妞?!要知道女人天性是爱八卦和充满好奇心的!看你哥的!"然后他用表弟的手机给那女生发了条信息:"你是我们学校三大美女之一,但我只喜欢你。"半分钟后,那女生回:"另外两个是谁?你为什么只喜欢我啊?"

…………

这就叫攻心为上。在感情的领域中,其实就是一场心力的较量。想吸引异性的追求,首先得看懂一个人。那些总是哀叹自己没有桃花运的单女们,知道是什么挡住了你的桃花运吗?

关于理解。有句话说:"女人你不需要懂她,你只需要爱她。男人你

可以不爱他，但必须得懂他。"男人显然更喜欢那些能够理解和懂得自己的女人。但你可能要疑问了："怎么才叫懂他呀？"关于这件事，问过不少男性朋友："你老说那个女人理解你，她怎么理解你了？"结果男人的回答极其出人意料："我说话的时候她一直静静听着，没有打断我，也没有反驳我，最后她跟我说'你说得真对'。"其实，在两性关系中，女人需要的是陪伴，男人需要的是认可。女人最依赖那个花最多时间陪她的男人，男人最离不开那个费最多口水夸他的女人。理解是什么？或许真的只是为一个人点32个赞！

关于幽默感。男人也喜欢有幽默感的女人。男人理解的幽默感和女人理解的幽默感是有不同的。女人认为幽默感的男人是舌灿莲花、能让女人忍俊不禁。男人认为的女人的幽默感是什么呢？有男人就回答了："我讲的每个段子她都笑了，她真有幽默感！"这就是男人的心理，女人的幽默感=笑点低。难怪古龙说"爱笑的女孩运气都不会太差"，情场上也是一样，遇到你中意的男人讲笑话，你的一个笑，或许决定着他内心对你的看法。

关于身材。在对异性的审美中，很多男人更看重身材。男人们认为外貌是与生俱来的，无法改变，身材却是可以通过后天努力加以塑造的。臃肿的身材会令人联想到懒惰和贪吃。作为女人，曲线很重要。因此一定要坚持健身，在买衣服的时候也别光图舒服、尽挑一些宽松的款式，尝试一些尽显腰身和线条的衣服，效果一定会更好。一个女人如果穿衣服只图舒服，那就说明她老了。着装上适度的修身，是青春活力的体现。

关于交友圈子。女人朋友多是好事，但恋爱初期，女人的朋友太多，也有可能成为情场上的障碍。男人虽然喜欢开朗的女人，但身边好友太多，不论是同性朋友还是异性朋友，有时会让男人胆怯，因为他想，一旦自己表白不成功，你周围的所有朋友都会知道他失败了，越是熟男，在求爱问题上越顾及面子。女人一天到晚被各种朋友围着转，男人想来搭讪也难找到开口的机会。情场之中，脸上略带寂寞的女人，男人恰恰不会让她真的寂寞。

…………

在我周围经常有一些这样的姑娘，她们身边围满了异性，有的是哥们儿，有的看似小暧昧，每天忙忙碌碌，忽然某天听她诉苦："唉，怎么就没人追我呢？！"

这时候你突然一惊："啊？！你原来没有男朋友！"

有些姑娘，看起来就一副不缺男朋友的样子，你让靠谱的男人如何敢来追你？

很简单的一句话：如果你有空，就要让他知道你有空。

有些女人苦于自己是剩女
有些女人苦于自己连剩女都不如
剩女可以名正言顺去找对象，而她们每天费尽心思，只为把一个男人拖进结婚礼堂

如何让他来追你

"婚礼我都设计好了，婚纱都买好了，连喜帖样式我都挑选好了，万事俱备啊，就是这股东风它不来，男朋友死活不想结，他说还没准备好！我们谈五年了，他咋还不想跟我结婚呢？"

有类似困惑的姑娘不止一个两个，我一直认为有一种女人是所谓的"半剩女"，她也不是没有男朋友，但一聊到结婚这个话题就没有下文，她们的焦虑程度丝毫不逊于任何一个"标准剩女"，因为剩女可以名正言顺地相亲、去结识有结婚意向的靠谱男士，她们不行，外人眼里她们是名花有主，可只有她们知道，所谓"婚期"，遥遥无期！

女人越想嫁，男人越想逃，关于"婚不婚"这个问题，可是急坏了不少不大不小的姑娘们！

有必要来研究研究，怎么把男人拖进婚礼的殿堂。

男人恐婚，绝对不是个别现象。他们还专门总结了不想结婚的种种理由：

1.不想在看球赛时，被一个女人死皮赖脸地强迫着去看无聊的肥皂剧。

2.不想每月都要把刚发的薪水藏一些在办公室的抽屉里。

3.不想因为脚没洗干净，就被一个女人要求重洗，否则就得去客厅睡沙发。

4.不想上街时刚看了两眼美眉，就被人狠踩一脚。

5.不想在星期天睡懒觉时，被一个女人拉起来去百货大楼买打折商品。

6.不想被一个女人经常打击自尊，说他不如隔壁家老王有本事。

7.不想因为回家晚了，就被关在门外，还要对邻居说："嗨，忘带钥匙了。"

…………

类似的理由还有很多很多。这其中当然有男人强词夺理的地方，明显是在给自己的不思进取找理由。值得女人注意的是，婚姻有时确实会给男人带来一定的精神压力，想让他们乖乖就范，首先得让他们放下心理上的包袱。来看看具体该怎么操作。

永远不要让男人觉得你很着急结婚。

哪怕你真的已经很急很急了，姐们儿我转眼就三十了，能不急吗！但还是要淡定。该休闲休闲，该娱乐娱乐，让男友觉得没有他你过得也挺

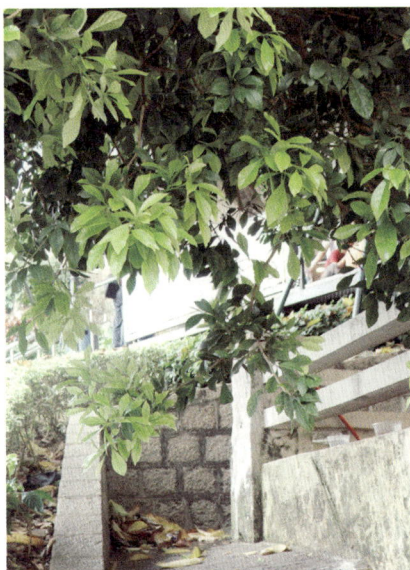

好。男人都逆反，越是被逼迫越有一种想逃跑的感觉。有些男人就说了，自己也不知道到底恐惧的是什么，只觉得女友天天逼婚，让他不自觉地就想撤退。咱们不能把自己变成债主，那可是很跌份的事儿。

生活能力强的大女人更容易让男人下定决心娶她。

有部老日剧《不能结婚的男人》说一个优质熟男只肯恋爱不肯结婚，虽然周围追求者众多。最终一位能干女医生的出现打碎了他的单身决心，他一边狠狠地抱怨着"这个女人也太强势了"，还是忍不住拒绝那些年轻温顺的小美女，投入她的怀抱。这就是男人，永远只会心甘情愿娶一个他欣赏的女人。这种所谓的"欣赏"，就说明女人得有生活的能力。这个时代男人的压力越来越大，他们也希望能娶一个能干、强大的女人，起码在日后的婚姻生活中能够帮他分担一些。这就是有趣的地方：虽然男人在恋爱的时候都希望女人能够小鸟依人，但在挑选结婚伴侣的时候却会更加偏向那些生活能力强的大女人。

　　你还可以试着欲擒故纵一把。

　　如果男友迟迟不求婚，也可以试着冷落他、疏远他，从一开始的关怀备至，到后来的爱答不理，就是要让他尝尝受冷落的滋味。很多人的爱情，始于分手的那一刻，当对方要离开我们的时候，才意识到自己不能没有他。所以我们才说："不论什么东西，扔出去还能再回来的，那才是你的。"当然很多女孩会说了，我怕我一扔他就真跑了，那可咋办？！要真是这样，这样的男人要他干吗！结了婚也照样幸福不了。不过值得提醒的是：掌握火候还是关键的，冷一冷就得了，他向你示好你就得见好就收了。要是抻得时间太长，那就给了情敌钻空子的机会了。

　　…………

　　可能每个女人对于婚礼都有过无数次的想象，婚姻这事儿靠得还真不仅仅是爱情，同时还有你对待生活的态度。

男人可以有红颜知己
但如果这红颜知己恰恰是个"红颜婊",
太太们则要准备战斗了

学学红颜婊的聪慧

流行完"绿茶婊",女人们又开始嘀咕起"红颜婊"。

网友对红颜婊有如是定义:

和你老公认识很多年。

一切以你老公为中心。

午夜12点还在聊微信,喜欢和你老公聊人生,聊理想,看向你老公的眼神充满怜意。

大到搬家,小到修灯泡,没事就喜欢找你老公帮忙。你要是不高兴了,她一定说:"我和他没什么,你别多想好吗?"

…………

通常女孩们都挺害怕老公身边的红颜婊,表面一副无公害架势,内心里却野心勃勃欲取而代之!

男人往往买她们的账。姑娘们,原因你想过吗?

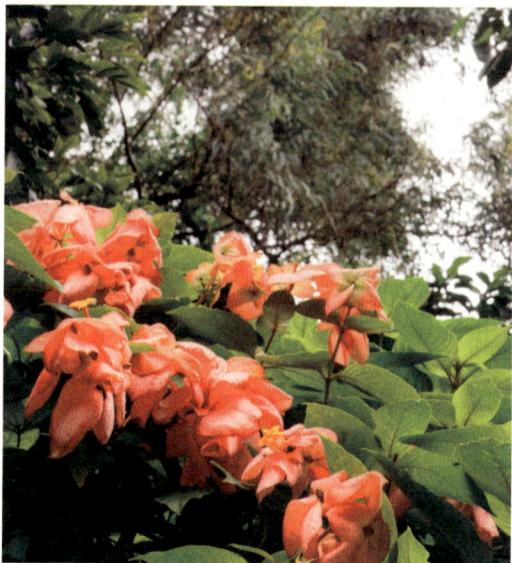

在红颜那里，男人能够获得认可。男人身上背负着责任和压力，很多时候难免不自信，他们无时无刻不希望通过别人的肯定来获得这种自信。身为妻子，往往不太了解男人这种心理，太过熟悉，说话便没有了界限，一天到晚抱怨老公没本事、没责任、没让自己过上幸福生活。红颜知己则不同，她们总能找到男人身上的闪光点，来赞美和恭维他们，谁不愿意听好听的言语呢！红颜就给了男人精神上的自信。

另外还有就是，男人能在红颜那里找到"我很重要"之感。

很多中年男人喜欢拥有红颜知己，这其实跟夫妻之间的相处模式有关系。结婚初期感情如胶似漆，"我的眼里只有你"，有了孩子，女人慢慢把感情重心转移到孩子身上，不再像之前那样紧张自己的老公。这个时候男人往往有一种失宠感，这种感觉在红颜那里就不存在。尤其还是一个一直仰慕他的红颜娓，这种小虚荣被满足的感觉还是很过瘾的！

老公要是真有了这样的红颜知己，你得冷静了。

如果可以，尽量试着跟这位红颜知己也成为朋友，对人家要热情，她要是单身，可以帮她张罗男朋友；要是也有家庭，可以隔三岔五组织两家人聚会。减少老公和她单独接触的机会，另一方面把这种个人友谊关系发展成家庭友谊关系，也能对双方起到更好的约束效果。

最重要的是，女人到什么时候都不能放弃自己。其实想想，红颜知己是个很考验情商的活儿，情商低的女人肯定做不好一个称职的红颜知己。一方面她们要足够优秀，另一方面一旦尺度把握不好，就变成情人，这事儿就俗了。所以红颜知己未必都温柔体贴，却一定能善解人意，聊天的时候总能够让男人有一种想跟她一直聊下去的欲望。

或许你也一天到晚对老公的红颜知己恨得咬牙切齿，其实不如想想，咱们为什么不能也变成这样呢？

如果我疼了，你是不是会心疼？
为此，我练习了千遍疼痛，却发现，痛彻心扉的却只我一个

感情里要想不被虐，得要有应对的招数

对于我们所爱的人，我们都会有"恨"这种情感产生。

从人性来看，恨，就是对爱的期待没得到满足。亲密关系中，当我们认定对方很重要时，往往就期待获得他的一切，全部独占。而事实上谁都不可能完全拥有另外一个人。于是就有人因此产生强烈的挫败感，恨，就由此而产生了。

由此可见，最爱你的人，也可能最爱虐你。不过在感情关系中，男人的"虐待"比比皆是。

感情施虐，未必都是拳打脚踢，以下这些行为说明他在虐你：要你24小时都在他视线下生活。像个导演，定下各种规矩。干涉你的自由，对你的交际圈横加干涉。"你很笨""你很胖""你很丑"，用这些侮辱性的词汇来伤害你。经常性吃醋，不喜欢你跟男性朋友交往，穿得性感点，他

会很不高兴。他经常会让你感觉到害怕，严重的会威胁和恐吓你。他对你的态度总是大起大落、忽冷忽热。当然还有就是暴力，身体虐待。

其实每段感情或多或少都带有些虐与被虐的因素，想要不被虐，得要有应对的招数。

异性界限要明晰。嫉妒最容易引发男人的虐待欲。每个人都有异性朋友，联系可以，频繁便不可以。你可能觉得他们只是男闺蜜，实际上男人通常是对一个女人有好感，又觉得没动心到可以做男女朋友的时候，才会愿意做她男闺蜜。万一哪天量变到质变，事儿就开始变得麻烦。通常男人介意自己女友的男闺蜜，是因你男朋友也是男人。男人的心理还是男人最了解。

嘴要甜。哄人这事儿不光是男哄女，女也得经常哄哄男。我常说，女人这嘴要是甜了，心狠点都没事儿。为什么男人往往爱蛇蝎美女，还不是人家嘴上抹了蜜。一个女人把男人哄得心花怒放，这男人通常就栽了，没脾气了。什么叫红粉骷髅，什么叫温柔一刀。反正，不要吝啬你的嘴。

要吵就吵个干脆，别闷着冷战。两个人在一起，吵架是避免不了的。可以争吵，可以打架。让彼此都发泄出来，这样才不会生病。有位姑娘跟男友提分手，男友不肯接受，于是就在她面前各种游说、各种诉苦、各种吵闹，姑娘就静静听着。折腾足七个小时后，男友终于闭嘴了，转身离开。和平分手后，此后再无互相诋毁。不论什么时候，让对方把怒气发出来，这是性格健康的培养方法。很多男人之所以喜欢虐人，或许是因为自己被虐得太多了。

有这么一个笑话。

老公说："上帝为什么把女人创造得那么美丽又那么愚蠢呢？"老婆就回答他："因为美丽，你们才会爱我们。因为愚蠢，我们才会爱你们。"

一头扎进感情中，女人通常都会变笨，越是好女人越如此。越是温柔贤惠的淑女，越容易栽在这种"虐男"手里。从心理角度看，淑女一般都特别乖，所有一切行为标准都符合大众准则，总是一副很讨人喜欢的样子。因为受到外界影响和约束，总是展现自己最善良的一面，而罪恶心理得不到释放。那些坏男人则是她们罪恶心理得以释放的理想途径，通过他们的施虐，实现了好女人的不安分心理行为。这也算是一种心理补偿。

其实女人骨子里或多或少都有点受虐性，女人往往满足于那种楚楚可怜的姿态，因为能赢得男人更多的怜爱，而且还能衬得男友更加大男人。所以，坏男人都是被好女人惯出来的。或许任性是因为依赖，折磨是因为在乎。但爱的毒药，少用为好。

韩剧中的大叔是迷死人不偿命的浪漫
现实中的大叔嘛，除了年龄赋予的优势，还有岁月留下的狡诈

别过分迷恋 "大叔"

你知道男人喜欢什么样的女人吗？

男人年轻时喜欢姐姐，中年时喜欢妹妹，年老后喜欢侄女，暮年时又喜欢孙女。

老少配，在我们的生活中已是随处可见。

有几个姐们儿聚会，其中一个就带来了比自己大十几岁的老公，这位 "大丈夫" 面对一帮子小女人的叽叽喳喳，完全进入不了语境。闺蜜们就偷偷跟这小太太说："赶紧让你老公走得了，看他在这儿真够尴尬的。" 结果太太说了："别呀，一会儿还得让他埋单呢！"

好吧，难道老少恋唯一的用途在这儿吗？——这太太是够败家的。

受韩剧的影响，大叔恋，几乎已经成了80后、90后女人恋爱的理想模

板之一。所谓"大叔"，并不是真的指叔叔辈的，而是指年龄比女方大10岁左右，气质形象佳的熟男一族。你还别以为找到一个大叔你就算是找到宝了。老男人身上，往往有一些你看不到的"阴暗面"。

老男人大多抠门儿。你以为事业有成的中年大叔都肯为小女友挥金如土，那你可就是太幼稚了。尤其是那些白手起家的中年男人，年轻时吃过苦，消费习惯相对节俭，在他们看来，花钱的浪漫，那就是浪费。男人这一生通常只有在年轻时才会做傻事，年轻男孩可以不吃不喝攒钱给你买名牌，换了中年大叔……你还是自己攒钱买吧。

老男人的观念都太现实。据一家知名婚恋机构的调查，四十多岁的男人在择偶时，首选对象是三十出头的女士。因为跟二十多岁的女孩相比，心态会更加成熟，更重要的是，三十多岁的女人还比较年轻，同时经过多年的职场历练，已经有了不错的经济积累。男人择偶，也是看重一些物质条件的。恋爱容易，真要想走入婚姻，老男人可是很现实的。

老男人大多自私。很多跟中年大叔交往的女孩发现，一开始以为中年男人都会照顾人，后来发现他显然更爱自己，一切都把自己放在第一位。男人都有中年危机，职业危机感和生理危机感，会让男人有恐慌，他要给自己留后路，保证自己后半生的健康和富足，所以通常他们会在先照顾好自己的前提下，才会考虑到你。当男人有了更多的阅历，对待感情就不像年轻时那么纯粹了，即便爱你，也很难做到毫无保留。

…………

中国目前的出生婴儿性别比已经上升到117~120，高出正常出生婴儿性别比10个点，男多女少的情况将直接导致"婚姻挤压"，即有些男人在择偶时找不到和自己年龄相符的女性，而把选择范围扩大到下一个年龄层次，有关专家预言：15年后"老夫少妻"将会很平常。

那老夫少妻该如何相处才能走得更长远呢？

增加肢体语言的亲密接触。如果男人比女人年纪大太多，难免在亲密关系问题上会出现不和谐，夫妻生活又恰恰是婚姻幸福与否的关键要素。所以在日常生活中，老夫少妻之间得多有些肢体上的交流，比如拥抱、牵手、彼此爱抚，皮肤上所获得的满足感也可影响心理上爱的满足感。

女人要学会用撒娇来和稀泥。年龄差距大的夫妻生活久了，难免在价值观上会有冲突，但要事事都非争个你高我低，这日子过得就光剩吵架了。老男人之所以喜欢小娇妻，看中的就是一个"娇"字，女人一撒娇，男人就没招。生活中没有那么多原则问题，真遇上协调不了的事情，撒个娇、耍个赖，没准儿比正襟危坐谈上两天两夜还管用。

经济上一定要互相信任。很多老夫少妻的组合中都存在着一些互不信任的问题，尤其在经济上。年龄也会导致男人的自卑心理，面对年轻的妻子，老男人会自卑，会猜疑"她到底是不是因为钱才嫁给我的"，而年轻的妻子则担心丈夫在经济上不向自己彻底坦白是在给自己留后路，经济上的互相猜疑容易导致感情破裂。既然进了一家门，在钱的问题上说明白，可以避免许多的麻烦。

…………

有人说："老男人带着年轻漂亮的女孩参加应酬，就觉得好像戴了块劳力士。"那场面，不用多想也一定是极有面子的。

有一老夫很享受有少妻的感觉："不知情者看见我的小太太，常以为我是什么人物，所以对我格外恭敬。"其实他不过也是个靠工资吃饭的白领。可见男人的虚荣心也很强，也爱把女人当成是彰显自己身份的行头。

不过婚姻终究是一种私人化的体验。外人看到的全是面子，至于里子舒不舒服，那就是只有两个人才懂的事。

世上太多男人，太少男神
万一遇上了，想想该怎么把他追到手吧

如何科学地追求男神

有两个男人在聊天。其中一个小伙子就说了："唉，又老一岁，转眼变大叔了。"他朋友很不屑一顾："得了得了，你别想太多。人那长得好看的老了才叫大叔呢。你这样的，叫大爷！"

哈哈，理想几多丰满，现实如此骨感！

不过，男神不是那么容易当的。先来看看女生心目中男神的标准有哪些。

身高180以上。（179的悲剧了……）

帅。（那是必须的！）

声音得好听，但话不要太多。（娘娘让你说话时才能说，要是说得不中听那就该杖毙了！）

学习好，尤其是理科得好。（这……）

穿衣服得有品位，听歌也得有品位。（天天听广场舞曲的算不算？）

饭量大，会做饭。（八戒能入围？）

不乱花钱。（主要是不能跟女朋友有同样的习惯……）

幽默，阳光，浪漫，有绅士风度。（万年不变的要求。俗了。）

眼睛迷人。（悟空表示自己的眼神儿很有竞争力！）

身上有闻起来舒服的味道。（妹子难道对洗衣粉的牌子有要求？）

笑起来好看。（换言之：笑起来不能比不笑的时候难看！）

手很温暖。（建议兄弟们随身携带暖宝宝。）

超级专一，不要太色，不能一直看美女。（那还是男人吗？！）

…………

要一个又帅又浪漫又幽默又迷人的男人超级专一！看完这个我只想对妹妹们说一句：年轻就是好，想象力真是丰富！

别以为与男神一起就都是阳光灿烂的日子，揭一揭男神的真面目。还真有好多你所不知的暗黑心理。

男神骨子里渴望反叛，喜欢刺激、暴力、挑战。正因为大众为男神设定了阳光、温暖的特质，才让他们加倍叛逆。很多男神往往都会选一个十分另类的女友，反映出了他们内心真实的渴求。

男神的独占欲更强，因为被捧惯了，习惯于把自己的想法强加于他人。男神的竞争感特别强，尤其是面对其他男神的时候，怕被女人说自己不如对方。好多男神霸道成性，不允许自己的女人同其他男性来往，稍有不从，便会大发雷霆。可惜的是，好多姑娘甚至把这当成是个性、爱。可是天长日久再来看，滋味就不同了……

男神大多虚荣。喜欢被女人当成世界的全部，喜欢女人赞美、崇拜他。可能你就是用这招搞定了你的男神，可是当他被你收藏之后，未必都能心如止水，外面的世界依旧精彩、外面的姑娘依旧嘴甜……做一个虚荣男神背后的女人，得有颗足够大的心脏。

当然这是后话，如何搞到你的男神，大概是姑娘们更关心的。

神秘感搞定他。研究发现，女人看到同一男子面部次数越多，越容易被他吸引。男人看到同一女性面孔超过两次，就会认为其吸引力降低。也就是说，女人更容易被面熟的男人所吸引，男人则认为陌生女人更具吸引力。男人更容易被陌生女人吸引，这是由基因决定的。所以，男神心目中的女神，不一定是白富美，有可能只是因为她有神秘感。想追到你的男神，那就，永远不要让他了解你的全部！

巧妙赞美他。男神都有虚荣心，都喜欢被赞美。但赞美得学会技巧。但凡男神每天被夸得最多的，无外乎是"好帅哦"，那种花痴女男神打心底里瞧不上。男人可不希望自己空有一副皮囊！所以，如果你夸他"你可真聪明"，显然他会更爱听。

欲擒故纵挑战他。即便喜欢，也不要过于主动，男人都喜欢征服，欲擒故纵能提升他的挑战难度，他们才会觉得很有征服感，从而拜倒在你的石榴裙下。对男人们而言，有难度的女人，才让他们有热情。

用细节感动他。很多男神级别的男星最终都选择了在身边默默付出的女人，男人都像孩子，历尽繁华之后，希望能够回到身边那个安全的港湾。男神见惯了女孩子追帅哥，有时候会特别没有安全感。在生活细节上给予他足够的关心，让他觉得你很踏实，不是那种浮华的女生，就很容易被你感动了。

或许你已经搞定了男神，那么你的那位男神可能有时特别爱向你炫耀哪个女生又暗恋他了。别发作，静静地听着就好。他只是想让你"崇拜"他一下而已。等他说完，可以不时地赞美一下"我的老公就是这么招人喜欢"。这其实是一种自信的表示，同时也是暗示他："多少人喜欢你都没用！你，可是我老公！"

自信且独立的女人，才能真正让你的男神死心塌地守护你。

你不舍得花钱，你的男人就会把钱花到别的女人身上
多少姑娘听信了这样的道理，生生把自己逼成了外人眼中的拜金女

恋爱钱规则

　　节目组来了一对结婚不久的小夫妻。在妻子的强烈要求之下，为了办场婚礼，花去了将近四十万，几乎是他们全部的积蓄。丈夫觉得挺心疼，但妻子觉得特别值，这姑娘说："我就是要让他的心狠狠疼一把，让他有能力结一回婚，没能力结第二回！"

　　为了让老公日后乖乖听话，这太太下手也真够狠！

　　关于爱情与花钱这事儿，一直是女人关注的焦点。

　　其实男人挣钱都不容易，没有人愿意随便在女人身上花钱。而且男人比女人更看重钱。钱是社会对于男人成功与否通用的一种判断标准，这是男人身价的象征，也是男人最珍视的东西。肯把最珍惜的东西用到女人身上，这代表的是他的一份诚心。

　　钱，不等同于爱。但钱，却能帮你看懂一个人的爱。一段感情，如果

完全上升不到金钱的层面，那也注定没有前景。男人不肯为你花钱，不见得是他不爱你，或许他只是没打算跟你有未来。

关于花钱这件事儿，女人别急着抱怨，或许它真的可以帮你看清男人的态度。不论男人多么小气，有这么几类女人，男人还是会心甘情愿地为她们埋单的。

或者你是识大体的女人。有这样一位姑娘的故事：她平日细微体贴的付出，让男友很感动。在花男友钱的时候，不撒娇不哭闹不理直气壮，却总能让男友心甘情愿为她埋单。一次去商场，男友主动提出给她买一款LV，她却拒绝了："别买了，你背破书包我挎LV，不搭！"

听了这话，男人好意思让她受委屈吗？！

或者你是会理财的女人。花钱如流水的女人会让男人觉得未来生活特别没有安全感，自然要捂紧自己的钱包。女人得具备一定的理财观念，你在男人眼里越是会持家过日子的类型，他反而越会放心地把钱用在你身上。男人都有明晰的收支平衡概念，你若具备钱生钱的能力，他对未来有了安全感，自然就更大方了。

或者你是懂得互惠的女人。男人为什么不愿为女人花钱？最重要的原因是，他觉得这钱花得不值。费尽心思买来的礼物，你却挑三拣四，下次他还愿意再送东西给你吗？男人给你面子，你得接着，否则下次就不会再给你了。想要男人心甘情愿掏钱，偶尔给他点小甜头，逢年过节买点小礼物送他，或者是花完他的钱之后对他加倍地好一些，这都会让他觉得物有所值。下次有钱还愿意花到你身上。

话说回来，男人的抠门儿有很多因素，有的是因为经济条件所限、不得不省吃俭用；也有的是因为从小受家庭的影响，节俭成了一种习惯；还有的是为了将来的婚姻做打算，努力攒钱买车买房。这些类型的男人都有个共同特点：对女友抠，对自己也抠。

这类男人可以原谅，因为抠也是他的一种生活方式。如果一个男人对自己特别大方，对你却特别抠门儿，这样的男人万万是不能要的。他不是抠，他只是对你抠。这背后隐含的是一种自私。

感情之中，没钱的男人，会为你花尽可能多的钱，来证明他爱你。有钱的男人，会用尽可能多的陪伴，来证明他爱你。爱，就是要把最珍贵的给你。钱和时间，是男人最珍惜的两样东西。如果一样都不肯给你……如此廉价的"爱情"，还是别犯贱了！

女人永远不能廉价。天天琢磨男人的钱的女人，都让男人轻视。当你不在乎男人是不是为你花钱的时候，或许才是男人心甘情愿为你花钱的时候。

婚姻注定是一场战争
它不是为了胜负而战
而是为了漫长的婚姻生涯，不至于太过无聊

婚姻必经的几场战役

婚姻是什么？

有人说它是柴米油盐，有人说它是1+1=3，我觉得，婚姻注定了是一场贯穿一生的战争。你来看看，这一生都会和爱人发生哪几场战役。

地位争夺期。从一对男女相处的第一年开始，这种争地位的暗战就开始打响了。"我也不知道自己怎么回事，反正总不自觉跟他对着干。吃个饭而已，他说中餐我就偏要西餐，他点红葡萄酒我就非要白葡萄。有时连买个早点都要吵一架。为什么呀？我们明明是相爱着！"你看，这就是所谓的"争地位"。两个人的关系中，一方为主一方为辅，但谁主谁辅，热恋期并不能见分晓，非要激情渐渐磨平之后才开始一较高下，这是感情中的第一道门槛，若能顺利迈过，一定能分出主辅地位，情感秩序便开始进入良性轨道。

实力较量期。通常一对夫妻有了孩子之后，紧接着会进入这样一个阶段。或许此时你们会因为教育理念、双方家长，甚至职位收入而发生争执，这与最初期的争地位阶段不同，那时更多表现为一种感性的情绪宣泄，多为一些鸡毛蒜皮的小事。而在实力较量阶段，则会因为更多生活方向性的问题进行理性探讨，彼此都试图说服对方来服从自己。通常这时候的女人心态上最弱势，状态上却恰恰表现得最强势，有了孩子之后女人在职场上必然经历震荡和蛰伏，这会反射到心理上造成不安全感，进而渴望丈夫对自己更顺从、更呵护，但却会用更强硬的态度来索要爱。这就是女人的大忌了。任何一个母慈子孝的家庭中，父母的角色分工一定是有讲究的，中国人心目中最理想的父母角色分派，不外乎"严父慈母"。在这样氛围中长大的孩子，个性会更健康，情商更高，更具有独立性和创造性。因为父亲代表的是"规矩"，母亲代表的是"感情"，严父慈母会令孩子的责任感和情感表达同步成长。慈父严母、严父严母、慈父慈母状态下成长起来的孩子，或多或少会带些叛逆、自卑、软弱等性格劣势。父母是孩子一生最好的性格塑造师，我常常在一些女性课程上对学员们讲：不要让你的脾气影响了孩子的未来。

39岁危机期。39～50岁的男性正处于"灰色中年"，其中39岁左右则被称为"39岁现象"，也就是男性中年危机的前状。"39岁危机"是很多男人心中的一道坎儿，不论事业还是健康，总有一种疲惫感。39岁也可以视作是男人的另一个起步期，大多数男人事业飞升的阶段，会在40岁上下。我有位女学员，老公人到中年事业成功，年年送她珠宝名包，而她只

回赠一种礼物：保险。用她的话说："他每天出去上班，我的心就悬着，我不会整天电话短信追踪他，但一年一份保险，就是告诉他：我在意他的健康。这个家需要他健康。"确实，男性遭受"中年危机"的概率是女性的三倍，这一群社会的中流砥柱，更需要一个女人温情的呵护。

除去以上这三个重要阶段，还不得不说说另外这个20年婚姻大考期。每年高考结束，都会迎来中年人的离婚高峰，很多夫妻在孩子高考之后，终于选择分道扬镳，去寻找各自新的幸福。任何一种选择我们都无权指责。只能说，婚姻的实质除了责任，必然是要让自己有更幸福的体验。有时看到街上手牵着手的老爷爷老奶奶，我总会莫名地感动：他们要经历多少坎坎坷坷分分合合，才最终携手到白头？

　　还是那句话：婚姻都是两头甜，中间部分多半都苦涩难言。但不论多苦多涩，让相伴的人离健康和幸福更近一些，这就是爱的责任了。

与你一生完满有关的99个关键词

关于女人的心软

实在搞不懂男人为何都爱佯装强大，事实证明女人更容易为男人的软弱而动容。别以为能征服女人的都是无坚不摧的男人，有多少无坚不摧的姑娘，都是输给了佯装可怜的男人。女人一辈子过不去的一道坎儿，是"心软"。

关于物质诱惑

都说女儿要富养，无非是为了长大后不用经受别人物质的考验。其实，自己也要富养自己，钱这东西，能赚会花的女人才有福气。努力赚钱，更有底气。这世上真正能扛得住诱惑的姑娘，不是不爱钱，而是自己能赚钱。

关于爱的自由

想知道一个人爱不爱你，就给他自由。不要妄图拴住爱情，世上没有能拴得住的爱人。若是爱你，何需拴着他？若不爱你，拴住他干吗！爱你的人，走到天涯也会回来找你。要费尽心机来挽留的，早晚有走丢的一天。

关于任性

任性，是依赖的表现。因为潜意识中认为，那人一定会原谅你。连你都不喜欢的自己，却被那个人喜欢着，这就叫爱情。

关于魅力和能力

好男人不是费力气找来的，是靠魅力吸引来的。或许你的美丽曾让男人驻足观望，而让他从此留下，还得靠实力。能力是女人另一种意义上的性感，独立，让你成为无可取代的自己！

关于气场

一个人的成熟，并不表现在获得了多少成就上，而是面对那些厌恶的人和事，不迎合也不抵触，只淡然一笑对之。当内心可以容纳很多自己不喜欢的事物时，这就叫气场！

关于爱情的犹疑

女人喜欢用任性来试探男人的底线，男人喜欢用物质来检验女人的真心。打败爱情的其实不是现实，而是我们内心的犹疑。好好珍惜正拥有的爱情，如果从一个人的心里走出来了，想要再次进去就很难了。

关于诋毁

你做得越好，挑你错的人也就越多。很多无能之人仰视成功的方式，是诋毁。出来混，难免遭遇各种阴招。那些暗地里给你使绊子的人，别理他们。把自己的事情做好，就是最好的反击！

关于女人的视野

女人就得多见世面。旅行、读书，但凡能让内心更丰富的事情，即便强迫自己也要多去尝试。人的狭隘、纠结、怯懦，全都是因为世面见得太少。我们必须很努力，才会成为自己喜欢的人。

关于第四类感情

第四类感情是不是真的存在？红颜和蓝颜，总还是有区别的：女人往往真愿意把蓝颜守在"知己"的界限内，可男人多半认为"红颜"不变成"情人"，那就枉做了知己。——所以对于异性闺蜜这事儿，男人比女人更觉得不靠谱，因为他们太了解男人是怎么回事儿了。

关于"多多谈恋爱"

那些一生都追逐爱情的人，往往是从未真正得到过爱情的。关于爱情，最怕的就是还有"幻想的空间"，意犹未尽的，最让人心痒。所以年轻时多谈恋爱，就是要把自己谈到心力交瘁。有一天你实在累得不行了，敲开某个人的心门，安安稳稳住下来，从此才会是一辈子。

关于男人的爱情

没钱的男人，会为你花尽可能多的钱，来证明他爱你。有钱的男人，会用尽可能多的陪伴，来证明他爱你。爱，就是甘愿把最珍贵的给你。钱和时间，是男人最珍惜的两样东西。如果一样都不肯给你……如此廉价的"爱情"，还是别犯贱了！

关于礼貌的双刃

礼貌，是一种距离，客客气气地拒人于千里之外。讨厌一个人，无须对他冷言冷语，只需"礼貌"到极致，便能够达到你想让他滚远点儿的目的。这就是为何越无懈可击的淑女越难有死党，一个处处礼貌时时谨慎的人，真的很令人觉得冷。